Duden

Schreiben unter Strom

KREATIVES SCHREIBEN

Duden

Stephan Porombka

Schreiben unter Strom

Experimentieren mit Twitter, Blogs, Facebook & Co.

Herausgeber der Reihe:
Hanns-Josef Ortheil

Dudenverlag
Mannheim · Zürich

Bibliografische Information der Deutschen Nationalbibliothek
Die Deutsche Nationalbibliothek verzeichnet diese Publikation in der
Deutschen Nationalbibliografie; detaillierte bibliografische Daten sind
im Internet über http://dnb.d-nb.de abrufbar.

Für die Inhalte der im Buch genannten Interrnetlinks, deren Verknüpfungen
zu anderen Internetangeboten und Änderungen der Internetadressen kann der
Verlag keine Verantwortung übernehmen und macht sich diese Inhalte nicht zu
eigen. Ein Anspruch auf Nennung besteht nicht.

Das Wort Duden ist für den Verlag Bibliographisches Institut GmbH als
Marke geschützt.

Alle Rechte vorbehalten.
Nachdruck auch auszugsweise, vorbehaltlich der Rechte, die sich aus den
Schranken des UrhG ergeben, nicht gestattet.

© Duden 2012   D C B A
Bibliographisches Institut GmbH, Dudenstraße 6, 68167 Mannheim

Lektorat Imma Klemm
Umschlaggestaltung Büroecco, Augsburg
Autorenfoto Umschlag © Privat
Satz Urban Satzkonzept, Düsseldorf
Druck und Bindung GGP Media GmbH, Karl-Marx-Straße 24, 07381 Pößneck
Printed in Germany

ISBN 978-3-411-74921-8

Auch als E-Book erhältlich unter: ISBN 978-3-411-90325-2
www.duden.de

Vorwort

Wir befinden uns in einem beliebigen Bahnhof einer deutschen Stadt mittlerer Größe. Es ist Freitag, kurz vor Mittag, und das bedeutet: Es ist wieder einmal die Hölle los. Nicht, dass äußerlich viel passieren würde oder die Bahnpolizei irgendwo eingreifen müsste – nein, ganz im Gegenteil. Obwohl der Bahnhof mit Menschen überfüllt ist, geht es, von Weitem betrachtet, eher schläfrig zu. Die Reisenden stehen meist allein oder höchstens zu zweit in der Bahnhofsvorhalle, oder sie kauern sich in die unbequemen Sitze irgendeines Coffeeshops mit Internetzugang.

Kaum einer von ihnen vermisst aber die langen Gespräche von früher, als man sich noch dies und das von Person zu Person erzählte. Im Grunde sind die meisten nämlich überhaupt nicht präsent und vor Ort, sondern stehen vielmehr unter Strom. Man telefoniert, schickt eine SMS nach der anderen, beantwortet Mails, twittert oder liest in dem Blog eines Freundes, der Tag und Nacht zu Hause in seinem Zimmerchen sitzt, mit dem Kopf aber vor allem in Dallas ist. Dallas ist die Heimat der Dallas Mavericks und damit auch die Heimat von Dirk Nowitzki, über den weiß der Freund alles und meldet all das, was er Neues erfährt, beinahe im Zweistundentakt in alle Welt.

Texte und Lektüren wie die des Nowitzki-Fans gibt es in Hülle und Fülle, als Leser kommt man kaum noch hinterher, alle paar Sekunden erreicht einen irgendeine Nachricht, die nach nichts so sehr schreit wie danach, sofort beantwortet oder erwidert zu werden. Beantworten oder erwidern – das sind die Folgeerscheinungen von Lektüren, die anders funktionieren als Lektüren von analogen Texten. Denn unter Strom zu stehen bedeutet: Texte auf ihre Relevanz für einen selbst abklopfen, sie dann nach Bedarf in ihre Bestandteile zerlegen und mit diesen Bestandteilen etwas Neues anfangen.

Wichtig ist, dass man nicht lange nachdenkt oder ins Grübeln gerät wie all die hausbackenen Schreiber von früher, die immer von der Angst vor dem weißen Blatt geredet haben. Wer unter Strom schreibt, hat weiße Blätter noch nie gesehen und wüsste nicht zu sagen, wovor er Angst haben sollte. Schließlich tippt er seinen Text nur in ein elektronisches Gerät, das einem signalisiert: Trau dich, ich mag dich, mit deinen Texten bist du bei mir genau richtig!

Bei diesem höllischen Tempo geht allerdings auch manches verloren oder einfach nur unter, denn die Schreiber stehen nicht nur unter Strom, sondern die Texte sind auch unaufhörlich im Fluss. Mit all den Neuigkeiten, kurzen Erzählungen und exakten Beobachtungen, die durchs Netz browsen, könnte man aber viel mehr anfangen. Man könnte um einen Moment Aufmerksamkeit bitten und ein paar Übereinkünfte vorschlagen, und schon würde das digitale Texten auf mehreren Ebenen ticken. Kurze Erzählungen weiten sich dann zu einem Roman neuen Typs, SMS-Nachrichten wirken plötzlich wie Lyrik, und die alte Lyrik von früher klingt plötzlich so frisch und aktuell, als habe Goethe sie auch für Leser in Bahnhöfen von heute getextet.

Damit das funktioniert, bedarf es eines Magiers, der aus Texten im Fluss Texte mit Bestand zaubert. Stephan Porombka ist so ein Magier, blitzgescheit durchschaut er die Spielregeln und baut ein paar zusätzliche ein, die aus dem Spiel ein temporeiches Vergnügen machen: rasant und absolut auf der Höhe der Zeit!

Hanns-Josef Ortheil, im Sommer 2011

Inhalt

Vorwort 5
Inhalt 7
Einführung Schreiben, was als Nächstes kommt 9

Textprojekte und Schreibaufgaben I:
Grundlagen
  1. Die digitale Werkstatt   14
  2. Die Kunst des Kombinierens   21
  3. Wie man Geschichten webt   29
  4. Mit dem Handy dichten   39
  5. Schreiben in Twittergewittern   46

Textprojekte und Schreibaufgaben II:
Nächste Schritte
  6. Große Romane neu gezwitschert   55
  7. E-Mails vom jungen Werther   62
  8. Briefe aus der digitalen Werkstatt   70
  9. E-Mail-Romane schreiben   77

Textprojekte und Schreibaufgaben III:
Radikalisierungen
10. Blogs schreiben   87
11. Der Blogger als Selbsterzähler   95
12. Schreiben in Facebook   104
13. Kommentieren in Facebook   113

INHALT

14. Links ins wirkliche Leben 121
15. Transmedia Storytelling 129
16. Schreiben unter Strom *live!* 138

Nachbetrachtung Unter Strom leben 146

Literaturverzeichnis 155

Einführung: Schreiben, was als Nächstes kommt

Nachdem wir verstanden haben, wie grundlegend die digitalen Medien unsere Kultur verändern, erreicht uns nun eine neue dramatische Nachricht. Jetzt, so heißt es, geht es uns ans Gehirn. Wer zu lange vor dem Computerbildschirm sitzt und zu viel durch das World Wide Web surft, verändert langsam aber sicher seinen Kopf.[1]

Was man an sich selbst vielleicht schon spürt, ist nun auch wissenschaftlich belegt und von den Feuilletons überliefert: Das ständige Nutzen des Internets macht uns nervöser. Es macht uns unkonzentrierter und unaufmerksamer. Zwar scheint es so, dass wir besser im Multitasking, also im gleichzeitigen Abarbeiten ganz verschiedener Aufgaben, werden. Doch werden wir zugleich immer unfähiger, dicke Bücher zu lesen, längere Texte zu schreiben oder eine Fernsehsendung komplett anzusehen.

Immer schwieriger wird es, einfach nur ruhig dazusitzen, um uns einen Gedanken für einen längeren Moment durch den Kopf gehen zu lassen. Denn sitzen wir nicht am Computer und surfen nicht durch das Netz, zieht es uns gleich zu den anderen Geräten. Wir greifen zum iPod. Oder wir tasten nach dem Handy, um zu telefonieren, SMS zu lesen, zu schreiben, Twittermeldungen zu posten, Neuigkeiten bei Facebook zu lesen, *Apps* herunterzuladen, einen Film anzuschauen, digitale Fotos zu sortieren oder das allerneueste Programm auszuprobieren. Wo Strom ist, da ist halt immer was zu tun.

---

[1] Vgl. Nikolaus Carr: Wer bin ich, wenn ich online bin... Und was macht mein Gehirn währenddessen? Wie das Internet unser Denken verändert.

EINFÜHRUNG

Die dramatische Pointe an dieser Entwicklung: In Experimenten hat man herausgefunden, dass alle, die ein solches Leben über Monate und Jahre führen, auch im Multitasking immer schlechter werden. Was sich angeblich durch Training am Computer verbessern soll, lässt irgendwann rapide nach. Besser im Bearbeiten von Aufgaben sind paradoxerweise alle, die zwischendurch immer mal wieder ein dickes Buch gelesen haben und nur halb so nervös sind.

Nun gibt es zwei Möglichkeiten, mit dieser Entwicklung umzugehen. Zum einen wird das temporäre Aussteigen empfohlen. Das heißt im doppelten Sinn: Man soll abschalten. Um nicht unter dem Dauerstress des Neuen zu leiden, soll man sich Räume, vor allem Zeiträume schaffen, in denen der Strom *nicht* fließt. Kein Computer. Kein Internet. Kein Handy. Stattdessen Ruhe. Man soll das Meditieren lernen, das ruhige Nachdenken. Man soll ganz bei sich sein und sich, wenn man etwas zu tun haben will, einem guten Buch widmen.

Die zweite Möglichkeit scheint aber die interessantere. Sie zielt darauf, dass man sich nicht einfach diktieren lässt, was man mit den Geräten macht. Stattdessen geht es darum, kreativ mit ihnen umzugehen. Die User sollen mit den Geräten etwas tun, wofür diese auf den ersten Blick gar nicht vorgesehen sind. Wollte man ein pathetisches Schlagwort dafür finden, so könnte man sagen: Es geht um künstlerische Zweckentfremdung!

Das heißt, die Computer, die Netze und Handys als Medien der Kunst zu verstehen. Man beginnt damit, Filme zu machen und über das Netz zu verbreiten. Man nutzt Bildbearbeitungsprogramme, um Effekte zu erzielen, an die bis dahin noch niemand gedacht hat. Man bearbeitet Audiodateien zu experimentellen Hörspiele oder ganzen Klangwelten. Oder man macht: Literatur.

Tatsächlich hat ja jeder Computer eine Tastatur. Und auch auf jedem Handy kann man Wörter tippen, um Adressen einzutragen, eine SMS zu schreiben oder sich Notizen zu machen. Also ist eigentlich alles da, um mit dem Schreiben zu beginnen. Angefangen mit kleinen Notaten, mit denen man Eindrücke fixieren oder gleich ganze Tagebücher schreiben kann. Oder Lyrik. Oder Kurzgeschichten. Oder Romane. Oder Texte, mit denen man die vorhandene Software so nutzt, dass neuartige Textformen entstehen.

In den letzten dreißig Jahren haben sich immer wieder Literaturszenen entwickelt, die genau von dieser Form des Schreibens unter Strom fasziniert sind. Experimentiert wurde (und wird) mit dem Wordprogramm, weil sich hier die Texte in Bewegung bringen lassen. Experimentiert wurde (und wird) mit den Netzstrukturen der Hypertextprogramme, um Erzählungen entstehen zu lassen, die nicht mehr linear, sondern kreuz und quer verlaufen. Experimentiert wird aber auch mit neuartigen Möglichkeiten, Texte und Bilder, Filme und Audiodateien zu multimedialen Gesamtkunstwerken zu verknüpfen. Und schließlich wurde (und wird) immer wieder mit allen möglichen Formen der <u>Interaktivität experimentiert, um aus den Usern echte Produzenten zu machen, die gemeinsam an der Entstehung von Werken arbeiten.</u>

Das Schreiben unter Strom bringt damit avantgardistische Literatur hervor. Es will nicht die Gegebenheiten der Gegenwart ignorieren. Es will sich auch nicht dem Fortschritt verweigern und sich aufs Meditieren verlegen. Statt um »Abschalten« geht es hier um das »Hands on«. Man will an die Geräte, mit ihnen spielen und etwas ausprobieren, um auf diese Weise die Gegenwart zu erkunden und literarisch zu reflektieren. Und man will zugleich neue Möglichkeitsräume für eine Literatur erkunden, die sich dann gar nicht unbedingt auf dem Markt verkaufen lässt. Diese Literatur lebt vor allem davon, dass sie etwas Neues hervorbringt, von dem man überrascht wird und an das man sich überhaupt erst mal gewöhnen muss.

EINFÜHRUNG

Das Schreiben unter Strom tritt damit die Flucht nach vorn an. Wer einen Computer und ein Handy hat, kann mitmachen. Dass sich dabei die Kultur verändert, dass sich dabei vielleicht auch sukzessive der eigene Kopf verändert, wird nicht nur in Kauf genommen, sondern als Aufgabe der Kunst im Allgemeinen und der Literatur im Besonderen emphatisch bejaht. Denn es wird ja zugleich beobachtet, untersucht, reflektiert und in Formen übersetzt, die es möglich machen, zu verstehen und mit zu bestimmen, was gerade jetzt und in Zukunft passiert. Das Schreiben unter Strom gleicht deshalb – genauso wie das Schreiben überhaupt – einer Erkundungsfahrt ins Ungewisse. Es ist ein durch und durch abenteuerliches Unternehmen, zu dem die folgenden Kapitel einladen wollen.

Vorstellen werden wir dafür allerdings keine kanonischen Werke, deren Qualität überzeitliche Gültigkeit beansprucht. Überzeitlichkeit ist eine Kategorie, die in der Netzkultur längst verabschiedet worden ist. Kanon war gestern! Heute ist alles auf das ausgerichtet, was als Nächstes kommt.

Vorstellen werden wir deshalb aber auch nicht den State of the Art anhand der allerneuesten literarischen Projekte. Wir haben es hier mit einem Buch zu tun, das gar nicht erst versuchen will, mit dem mitzuhalten, was sich Tag für Tag im Netz verändert.

Im Folgenden sind deshalb Texte, Projekte und Schreibaufgaben kennenzulernen, mit denen man das Schreiben unter Strom auf prinzipielle Art trainieren kann: mit kleinsten Übungen zu kombinatorischer Lyrik, zu SMS- und Twitterbotschaften über größere Erzählungen, Blogs und Facebookseiten bis zu Projekten, die nicht nur die Grenzen zwischen verschiedenen Medien überschreiten, sondern »virtuelles« und »wirkliches« Leben so sehr eins werden lassen, dass man das eine vom anderen nicht mehr unterscheiden muss.

SCHREIBEN, WAS ALS NÄCHSTES KOMMT

Für Experten, die sich längst souverän im Netz bewegen, bieten diese Übungen eine Art Repetitorium. Schritt für Schritt, vom Kleinen bis zum ganz Großen. Für alle, die damit beginnen, das Netz mit eigenen literarischen Aktivitäten zu erkunden, bieten sie die Möglichkeit, ein Verständnis und ein Gefühl für das Schreiben unter Strom zu entwickeln, das sich vom Schreiben in der Buchkultur so ganz grundsätzlich unterscheidet.

In einem ersten Teil (Kapitel 1 bis 5) werden ein paar Übungen vorgeschlagen, mit denen man sich den Grundprinzipien des Schreibens unter Strom nähern kann. In einem zweiten Teil (Kapitel 6 bis 9) werden Projekte vorgestellt, die mit den Prinzipien des Schreibens unter Strom experimentieren, das Ergebnis dann aber doch noch in Buchform dokumentieren. In einem dritten Teil (Kapitel 10 bis 16) geht es um Projekte, die das Netz nicht mehr verlassen und es schließlich auf so radikale Weise universalisieren, dass das Schreiben unter Strom auch auf das »echte« Leben übergreift.

In allen drei Teilen lautet die Botschaft: Das Medium wechseln! Mit dem Experimentieren beginnen! *Hands on!* Auch auf die Gefahr hin, dass man alles Bekannte über den Haufen werfen muss und dabei in Zustände gerät, in denen die alten Orientierungsmuster für Kunst und Leben abhandenkommen, ohne gleich durch neue ersetzt zu werden.

Auch das kann man lernen, wenn man unter Strom schreibt: dass sich das Auflösen der bekannten Zusammenhänge für produktive Schübe nutzen lässt. Denn hier geht es wohl oder übel nicht mehr um die Frage nach der Bewahrung des Alten. Es geht um die Frage, wie man das, was als Nächstes kommt, gestalten kann.

Textprojekte und Schreibaufgaben I: Grundlagen

1. Die digitale Werkstatt

Wer mit dem Schreiben unter Strom experimentieren will, kann mit Goethe einen guten Einstieg finden. Aber nicht mit dem Denkmal, dessen fertige Werke uns vorgesetzt werden. Viel interessanter ist der Goethe, der diese Werke herstellt. Es gibt einen schönen Aufsatz von Erich Trunz, in dem Goethes Haus am Weimarer Frauenplan als eine literarische Werkstatt vorgestellt wird, in deren Räumen der Autor seine Kreativität organisiert.[2] Dazu liefert Trunz einen Grundriss, an dem sich sehen lässt, wie diese Werkstatt aufgebaut ist.

Grob unterteilen lässt sich Goethes Werkstatt in Vorderhaus und Hinterhaus. Der hintere Bereich ist privat. Hier liegt – mit dem für den Autor so wichtigen Blick in den Garten – neben dem Schlafzimmer das Arbeitszimmer. Im dazugehörigen Vorzimmer und in der Bibliothek dürfen ihn gelegentlich die engsten Freunde besuchen, mit denen er über seine Arbeit spricht. Links neben dem Schlafzimmer liegt das Schreibzimmer, in dem professionelle Abschreiber darauf warten, Handschriftliches in Reinschrift zu übertragen.

Im vorderen Bereich liegen die sogenannten »Kunsträume«. Hier zeigt Goethe die von ihm gesammelten Bilder und Gipsabgüsse. Fast überall sind sie dicht gestellt und gehängt, eines neben

---

[2] Erich Trunz: Ein Tag aus Goethes Leben.

DIE DIGITALE WERKSTATT

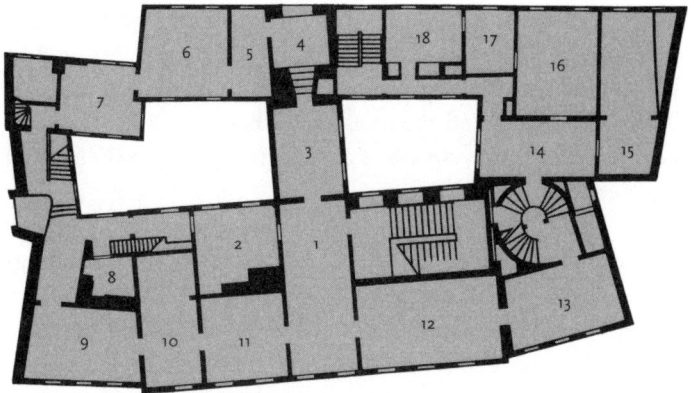

© **Klassik Stiftung Weimar, Bearbeitung** Goldwiege | Visuelle Projekte, Weimar

1 Gelber Saal
2 Kleines Esszimmer
3 Brückenzimmer
4 Gartenzimmer
5 Vorzimmer zu den Familienräumen
6 Große Stube
7 Wohnzimmer
8 Kleine Küche
9 Großes Sammlungszimmer
10 Majolikazimmer
11 Deckenzimmer
12 Junozimmer
13 Urbinozimmer
14 Vorzimmer
15 Privatbiliothek
16 Arbeitszimmer
17 Schlafzimmer
18 Dienerzimmer

dem anderen, Originale neben Kopien. In diesen Räumen, von denen alle in anderen Farben gestrichen sind, werden auch Gäste empfangen. Vor allem im Junozimmer, in dem der Flügel für die Musikabende steht. Das Urbinozimmer, das man durch das Junozimmer betreten kann, ist vor allem für Gespräche reserviert.

Daneben gibt es auf derselben Etage die Zimmer für Goethes Sammlungen. Weil er einer der eifrigsten Sammler seiner Zeit ist, der sich für Literaturgeschichte, Kunstgeschichte, Botanik, Zoologie, Geologie, Farbenlehre und noch viel mehr interessiert, müssen Schränke mit Sammlungsgegenständen im ganzen Haus verteilt werden. In den Sammlungszimmern aber – neben dem Großen Sammlungszimmer das Majolikazimmer und das Deckenzimmer – sind die meisten Sachen verstaut. Was nicht mehr ins Haus passt, das aus allen Nähten zu platzen droht, wird in andere Häuser ausgelagert.

Bei Erich Trunz lässt sich auch nachlesen, wie sich Goethe in diesem Haus bewegt. Im Arbeitszimmer werden vormittags Bücher, Zeitungen, Kataloge und Briefe gelesen. Es werden eigene Texte geschrieben und in ersten Fassungen diktiert, die dann im Schreibzimmer in Reinform gebracht werden. In den angrenzenden Zimmern wird über die Arbeit gesprochen. Vorne werden Gäste empfangen, meist aber nur kurz. Mit ihnen plaudert Goethe manchmal, meist aber führt er Expertengespräche.

In den Sammlungszimmern werden Neuerwerbungen in die Schränke eingestellt. Sie werden mit anderen verglichen, beschrieben und im Hinblick auf ihre Bedeutung für das jeweilige Gebiet eingeschätzt. Vor neuen Kunstwerken wird doziert und diskutiert. Dazwischen wird im Esszimmer gegessen, dann werden die Gespräche fortgesetzt. Manchmal sind mehrere Gäste in verschiedenen Zimmern anwesend, Goethe pendelt dann zwischen den Zimmern hin und her. Abends zieht er sich in die hinteren Zimmer zurück, liest, entwirft neue Konzepte für Briefe und Werke und notiert noch Stichpunkte für das Tagebuch.

»Zauberzirkel« hat Goethes alter Freund Knebel die Atmosphäre in diesem Haus genannt.[3] Er hat damit wohl am genauesten getroffen, was sich Goethe aufgebaut hat. Es ist eine Ansammlung von unterschiedlichen Funktionsräumen, die so miteinander verbunden sind, dass sich im einen etwas abrufen lässt, was im nächsten Raum genutzt werden kann. Der Autor

---

[3] Erich Trunz: Ein Tag aus Goethes Leben, S. 17.

organisiert in diesen Räumen Menschen, Gegenstände, Reflexionen, Kommunikationen und Schreibhandlungen so, dass sie sich gegenseitig intensivieren. Auch wenn hier alles nacheinander passiert, passiert doch nichts isoliert. Alles dient dazu, Goethes Arbeit an einem Werk zu befördern, das größer ist als ein Gedicht, ein Roman oder ein Aufsatz: Es ist die Produktivität, die hier in Gang gesetzt und in Gang gehalten wird. Es ist ein ständiges Schreiben unter Strom – oder, wie es der Kreativitätsforscher Mihaly Csikszentmihalyi genannt hat: ein »Flow«,[4] ein Fließen von kreativer Energie in einem »Zauberzirkel«.

Nun soll natürlich niemand, der heute mit dem Schreiben unter Strom experimentieren will, in die Goethezeit zurückkatapultiert werden! Doch lässt sich durch den Blick auf Goethes Haus als literarische Werkstatt das eigene Schreiben im digitalen Zeitalter besser verstehen.

Dafür kann man Goethes Haus probeweise als netzwerkfähigen Computer begreifen, in dem es mehrere Bereiche gibt, in denen jeweils unterschiedliche Programme laufen: das Schreibprogramm, das Mailprogramm, der Netzbrowser, die Programme zum Herunterladen, Abrufen und Bearbeiten von Text-, Musik- und Bilddateien, das Chatprogramm, das Programm zum Verwalten von Dokumenten... Organisiert sind diese Dokumente in Ordnern, die unterschiedlichen Bereichen zugeordnet sind. Es gibt verschiedene Festplatten. Es gibt auf den Festplatten private ebenso wie öffentliche Bereiche, die Unterordner in Unterordnern haben, die wiederum Unterordner enthalten.

Das alles ist in Goethes Computerhaus nun so organisiert, dass die Bereiche zwar nebeneinander existieren, aber nicht voneinander isoliert sind. Im Gegenteil sind sie so miteinander verbunden, dass, dem Goetheprogramm folgend, permanent Daten

---

[4] Mihaly Csikszentmihalyi: Flow.

zwischen den Bereichen übertragen und bearbeitet werden können. Das Ergebnis ist eigentlich kein »Zauberzirkel«. Es ist ein »Zaubernetzwerk«, in dem fortwährend Neues entsteht.

Wer Goethes Haus so versteht, dem fällt es nicht schwer, nun umgekehrt <u>den eigenen Computer als literarische Werkstatt zu denken</u>. Wir schreiben Texte am Computer. Wir lesen am Computer. Wir erledigen unsere Korrespondenz über E-Mail-Accounts. Wir speichern unsere Musik auf den Festplatten und rufen sie von dort ab, wenn wir sie hören wollen. Wir machen Fotos mit Digitalkameras und laden sie dann auf den Computer, um Fotoalben anzulegen, die wir mit Photoshop bearbeiten und uns dann und wann in Slideshows ansehen.

Außerdem ist der Computer zu unserer wichtigsten Spielebox geworden. Auch führen wir Kalender und Notizdateien, in denen eingetragen wird, was wir gemacht haben und machen werden. Wir koppeln uns an ein Netzwerk, das aus Millionen anderer Computer besteht. Von hier laden wir neue Musik herunter, kaufen Bücher, lesen Zeitungen, schauen Bilder und Filme an. Wir laden selbst Musikstücke, Texte, Fotos und Videos hoch und stellen sie anderen zum Mithören, Mitlesen, Mitschauen und Weiterbearbeiten zur Verfügung. Wir telefonieren mit dem PC. Wir chatten mit ihm. Wir zeigen uns live über Webcams und schauen anderen über Webcams zu.

Das geht noch schneller, noch intensiver, seit sich das Telefon in ein Handy und das Handy in ein Smartphone verwandelt hat. Das Smartphone ist ja nichts anderes als ein kleiner Computer, mit dem man telefonieren kann. Alles andere aber eben auch. Zum Beispiel Texte schreiben, Texte lesen, Texte verschicken. Mails checken. Musik hören. Fotos und Filme machen, speichern, bearbeiten, weiterleiten. Spiele spielen, allein und mit anderen, die ihrerseits an eigenen PCs oder Smartphones hängen und online sind.

DIE DIGITALE WERKSTATT

Ob als feste Station auf dem Schreibtisch, als Laptop oder Handy: Der Computer ist die Maschine, in der wir unsere Aktivitäten immer dichter vernetzen. Dieses fein gesponnene Netz ist unsere Werkstatt. Unser Atelier. Unser Labor, in dem wir mit Materialien experimentieren. Es ist der Ort, an dem wir die Welt für uns herstellen. Und mit der Welt immer zugleich uns selbst. Der Computer, mit dem wir arbeiten, ist eine Kreativitätsmaschine. Ein kleines Gerät, über das wir Digitales einsammeln, verbinden, bearbeiten, um Neues hinzuzufügen, das dann von anderen eingesammelt, weiterverbunden und weiterbearbeitet wird.

Wer mit dem Schreiben unter Strom experimentieren will, sollte sich deshalb so verstehen: als jemand, der unablässig in einem Atelier, in einem Labor, in einer Werkstatt produziert. Als Schreibender, der immer schon an einem großen, multimedialen Netztext arbeitet, der nicht zum Stillstand kommt und sich mit jedem Tastenklick, mit jedem Arbeitsschritt verändert. Das Netz, in dem das stattfindet, ist größer als ein Gedicht oder ein Roman. Zwar können in ihm dauernd Gedichte und Romane entstehen. Aber man sollte nicht vergessen, dass Werke dieser Art nicht etwas Eigenständiges, Fertiges, Abgeschlossenes sind, sondern – wenn das eigene Kreativitätsprogramm gut funktioniert – nur Zwischenresultate der zauberhaften Produktivität, die in den Computern und im Netz in Gang gesetzt und in Gang gehalten wird.

TEXTPROJEKTE UND SCHREIBAUFGABEN I

Schreibaufgabe

■ Analog zu dem Grundriss von Goethes Haus am Frauenplan soll ein Plan für die eigene digitale Schreibwerkstatt entworfen werden.

■ Dafür muss man zuerst die verschiedenen Bereiche identifizieren, die man sich am Computer und an den mit ihm verbundenen Geräten eingerichtet hat. Wie Goethes Werkstatt *alle* Lebensbereiche integriert, sollte man auch für die eigene Werkstatt *alle* Bereiche erfassen, in denen Dateien erstellt und bearbeitet, empfangen und gesendet werden.

■ Im zweiten Schritt sollte man sich die einzelnen Bereiche genau ansehen: Was genau wird in den jeweiligen Bereichen gemacht? Wo wird was geschrieben? Wie arbeitet man mit den Dateien? Wie werden sie in den jeweiligen Bereichen abgelegt und organisiert? Wie greift man auf sie zu?

■ Im dritten Schritt geht es um die Verbindungen zwischen den Bereichen: Wie sind sie miteinander verbunden? Welcher Zusammenhang besteht zwischen den Ordnern für Notizen, für Mails, für literarische Texte, für Tagebucheinträge, für digitale Fotos und Filme, für Musik usw.?

■ Angefertigt werden soll schließlich eine erste grobe Skizze, auf der das »Zaubernetzwerk« zu sehen ist, in dem man an seinem Computer und mit allen angeschlossenen Geräten die eigene Produktivität organisiert.

■ Dieser Grundriss kann nur ein vorläufiger sein. Deshalb sollte man später immer wieder einen Blick auf seine Skizze werfen und sie anpassen. Das Ziel ist, einen Zusammenhang aller Bereiche zu entwerfen, mit dem sich der Flow der eigenen Produktivität immer weiter optimieren lässt.

2. Die Kunst des Kombinierens

Aus dem ersten Kapitel nehmen wir ein Grundprinzip mit, auf das man sich unbedingt einlassen sollte, wenn man mit dem Schreiben unter Strom experimentieren will: Es geht darum, digitales Material herzustellen, zu sammeln, zu bearbeiten und dann über Vernetzung so zu kombinieren (oder kombinieren zu lassen), dass sich daraus etwas überraschend Neues ergibt, mit dem man dann weiterarbeiten kann.

Wem das noch zu abstrakt ist, der kann sich einer literarischen Form zuwenden, die auf schlagende Weise mit diesem Prinzip arbeitet. Gemeint ist die Computerlyrik. Das sind Gedichte, die – scheinbar – nicht von einem Menschen, sondern vom Computer hergestellt werden. Um mit dieser Lyrik zu experimentieren, muss man bei Google nur das entsprechende Stichwort eingeben: Neben »Computerlyrik« führen auch »Poesiemaschine«, »Gedichtautomat« oder »Automatengedichte« auf die richtige Spur. So gelangt man zu Seiten, auf denen sich beliebige Texte als Material einspeisen und vollautomatisch nach vorher programmierten Algorithmen bearbeiten lassen. Die Texte werden zuerst zerlegt, dann werden die Bruchstücke neu kombiniert.

Dabei kommt viel Unbrauchbares heraus. Manchmal aber entstehen Texte von irritierender Schönheit. In solchen Fällen löst der Computer den ursprünglichen Sinn des eingespeisten Textes auf. Ein neuer Text wird ausgespuckt, der sich liest, als sei es ein Stück moderner Literatur: ein brüchiges Fragment, eine Collage, in der sich der alte Sinnzusammenhang erledigt hat und ein neuer erst dann gefunden werden kann, wenn der Leser ihn probeweise durch seine Verstehensversuche herstellt.

Computerlyrik findet man nicht nur im virtuellen Datenraum. Es gibt sie auch in gedruckter und gebundener Form. Aktuelles lässt sich in der Ausgabe des Literaturmagazins »Poet« lesen, in der Hannes Bajohr, Jahrgang 1984, drei Automatengedichte veröffentlicht, die er mit einem Computerlyrikprogramm hergestellt hat.[5] Wer selbst ausprobieren will, wie das funktioniert, klickt sich auf Bajohrs Homepage.[6] Eines seiner Ergebnisse liest sich so:

ALS MEILER IN DIESEM DEUTSCHLAND
automatengedicht X

im september, herr, kommen meiler
und extraportionen der bürger im herbst

die kanzlerin wirkte das netz mit:
alle szenarien moderat hochprofitabel,
aber durchschnittswerte verlieren berufung

wermutstropfen reststrommenge

viel verlängerung, kaum verzicht
und baden-württemberg

überhaupt: ende

Unter dem Gedicht hat Bajohr angegeben, mit welchem Material er arbeitet. In diesem Fall ist es ein journalistischer Artikel, der unter dem Titel »Schwarz-Gelb beglückt Atomindustrie« im August 2010 auf »Spiegel Online« erschienen ist. Das heißt: Bajohr hat einen Text von der Netzseite des Nachrichtenmagazins kopiert, ihn in seinen »automatengedichtautomat[en]« eingespeist, nach einprogrammierten Regeln auseinandernehmen

---

[5] Poet. Literaturmagazin, Nr. 10, S. 72–75.

[6] www.hannesbajohr.de/automatengedichtautomat

und neu zusammensetzen lassen. Dann hat er die Ergebnisse vorsichtig bearbeitet: gekürzt, geschliffen, grammatikalisch korrigiert.

Warum der Autor das alles gemacht hat? Weil er das Spiel mit dem Zufall mag. Automatengedichte, so schreibt Bajohr in einer kleinen Poetik, die über den Gedichten abgedruckt ist, »holen die aleatorik [also die Zufallsoperation] zurück in die arsenalerweiterung. der zufall als schatzmeister und etwas verwirrter garderobier«.[7]

Mit dem Automaten werden die Textstücke also derart durcheinandergewirbelt und neu kombiniert, dass sich ungeahnte Zusammenhänge ergeben, mit denen der Autor weiterarbeiten kann. Das Arsenal wird erweitert. Die Möglichkeiten des Dichtens werden vervielfacht. Das zeigt sich bei Bajohr besonders gut, wenn er gleich mehrere Texte auf einmal durch seinen Automaten schickt. Etwa ein Stück aus dem »Hyperion« von Hölderlin und einen Artikel aus der »Zeit« zur »Krise des Westens«. Hier ein Auszug:

bankenkrise
wir banken einfalt
und den prozent unseres seins
verbindung
von bedürfnissen

in liquidität vernichtet

Bajohr hat dieses Verfahren natürlich nicht erfunden. Es gibt unzählige Lyrikautomaten im Internet. Und die Literatur kennt das offensive Spiel mit dem Zufall seit mehr als 350 Jahren. 1651

---
[7] Hannes Bajohr: automatengedichte, S. 72.

hat Georg Philipp Harsdörffer in seinen »Mathematischen und Philosophischen Erquickstunden« für seine Leser einen »Fünffachen Denckring der Teutschen Sprache« abgedruckt.[8] Es ist ein Kreis, den man ausschneiden und dann in fünf Ringen gegeneinander verschieben kann: ein Ring nur mit »Vorsylben«, einer mit Anfangs- und Reimbuchstaben, einer mit Mittelbuchstaben, einer mit Endbuchstaben, schließlich einer mit »Endsylben«. Mit diesen Ringen kann man dann Worte herstellen. Der Sinn des Ganzen: Vor allem die Dichter und Übersetzer sollen durch das Drehen alle möglichen Worte der deutschen Sprache kombinieren können. Aber nicht nur die bekannten, sondern auch gänzlich neue, »ob sie gleich sonsten nicht gebräuchlich«.

Harsdörffer steht mit seinem »Denckring« in der Tradition der *Ars combinatoria*. Es ist die Kunst des Kombinierens als Innovationskunst. Aus dieser Tradition heraus wurde seit dem Mittelalter an Maschinen gearbeitet, mit denen sich die Welt berechnen lässt. Zwei Entwicklungslinien reichen aus dieser Zeit bis in unsere Gegenwart. Aus der einen geht der Computer hervor. Aus der anderen entstehen die Künste, die mit dem Zufall des Zusammenstellens arbeiten, um Neues entstehen zu lassen.

Die Barockliteratur des 17. Jahrhunderts ist vom Spiel mit dem Zufall (und seiner Notwendigkeit) extrem fasziniert. Im 18. Jahrhundert wird der Witz als »Priester« gefeiert, »der jedes Paar kopuliert«.[9] Denn er bringt Sachen zusammen, die gar nicht zueinandergehören, die aber, weil sie plötzlich zusammen erscheinen, auf den Betrachter eben witzig wirken.

Die Künstleravantgarden haben daraus am Ende des 19. und zu Beginn des 20. Jahrhunderts ihre Pointen destilliert. Der

---

[8] Georg Philipp Harsdörffer: Delitiae Mathematicae et Physicae. Der Mathematischen und Philosophischen Erquickstunden Zweyter Teil, S. 517.
[9] Jean Paul: Vorschule der Ästhetik, S. 173.

DIE KUNST DES KOMBINIERENS

Dichter Lautréamont hat 1877 die Schönheit des »zufällige[n] Zusammentreffen[s] einer Nähmaschine und eines Regenschirms auf einem Seziertisch« gefeiert.[10] Eine wilde Kombination! Sie wirkt tatsächlich so, als wäre sie durch das Ziehen von Wortzetteln aus einer Lostrommel entstanden.

Spiele dieser Art trieben später die Surrealisten. Nicht nur übten sie sich in der *Écriture automatique,* im Versuch also, das Unbewusste wie eine Maschine schreiben zu lassen. Auch spielten sie das berühmte *Cadavre exquis,* bei dem ein Zettel so gefaltet wird, dass immer der nächste Teilnehmer etwas aufschreiben oder aufmalen soll, ohne zu wissen, was die anderen zuvor gemalt oder geschrieben haben. Faltet man am Ende den Zettel auseinander, ergeben sich gemeinsam erstellte Zufallsbilder oder Zufallssätze, die zwischen Sinn und Unsinn hin- und herschwanken.

Die Computergedichte, die zuerst in den Sechzigerjahren entstanden sind, schwanken auch. Sie sollten einerseits literarische Avantgarde sein. Andererseits wollten die Programmierer mit ihnen grundsätzlich beweisen, dass auch Computer kreativ sein können und dass umgekehrt das Dichten mit dem Rechnen verwandt ist.

Die Frage nach der Berechenbarkeit der Kreativität hat sich heute so gut wie erledigt. Die Forschungen zur künstlichen Intelligenz haben sich in andere Gebiete verlagert. Übrig geblieben ist in der Netzkultur die Begeisterung für den Avantgardismus des Zufalls, der sich beim Browsen durch das Internet herstellt.

Dafür gibt es ein wunderbares Beispiel. Es ist eine Art Upgrade der Ars combinatoria, das dem Entstehungsprozess von Computergedichten verwandt ist, nun aber auch mit Bildern arbeitet. Im Winter 2011 wurde auf den Plattformen der Social

---

[10] Lautréamont: Die Gesänge des Maldoror, 6. Gesang.

TEXTPROJEKTE UND SCHREIBAUFGABEN I

Networks etwas gespielt, das man auch heute noch weiterspielen kann. Per Zufall sollte jeder Teilnehmer den Namen für eine eigene Popband finden, dazu das Bild für ein Plattencover, dann noch den Titel für das Debütalbum. Die Regeln, die ganz auf den Zufall eingestellt waren, lauteten so:

1 - Go to www.wikipedia.com and hit random. The first random Wikipedia article you get is the name of your band.

2 - Go to www.quotationspage.com and hit random. The last four or five words of the very last quote of the page is the title of your first album.

3 - Go to www.Flickr.com and click on „explore the last seven days". Fourth picture no matter what, it is, will be your album cover.

4 - Use Photoshop or similar (www.picnik.com is a free online photo editor) to put it all together.

5 - Post it with this text.

Bei diesem Spiel sind ausgesprochen witzige Variationen herausgekommen, von denen sich einige heute noch im Netz finden lassen.[11] Jedes Cover, das nach den vorgegebenen Regeln entstanden ist, generiert eigenartige popkulturelle Sinneffekte. An ihnen wird deutlich, wie sehr solche kombinatorischen Spiele längst zur Grundlage für die Produktion von poetischen Sinneffekten genutzt werden, die mit der in der Buchkultur gepflegten Vorstellung von Tiefsinn absolut nichts mehr zu tun haben.

Man sollte es selbst einmal spielen, um sich die Frage zu beantworten, was sich alles von diesen Fantasiecovern lernen lässt. Sie zeigen das überraschend Neue, von dem man nicht

---

[11] Gesammelt hat sie die Kulturwissenschaftlerin Renate Baricz auf ihrer Facebookseite, für die man zwar eine lange Adresse eingeben muss, allerdings wird man dafür mit einer wirklich schönen Zufalls-Cover-Sammlung belohnt: https://www.facebook.com/media/set/?set=a.1785439154172.2104292.1185308648&l=972f9989fb.

sagen kann, dass es nur aus Versatzstücken des Alten besteht. Durch die Kombination des zufällig Gefundenen ergeben sich ästhetische Formen, die so noch nicht zu sehen waren. Sie eröffnen die Möglichkeit, neue Erzählungen daran zu knüpfen: Erzählungen für Songs, Erzählungen für Bands, Erzählungen der Popgeschichte, Erzählungen der Popkultur – Erzählungen, die sich alle immer weiter mit immer neuen Zufallsmaterialien anfüllen und weiterschreiben lassen.

Schritt für Schritt erweitert sich so auf witzige Weise das Arsenal für Autoren. Die kombinatorischen Möglichkeiten der Dichtung werden vervielfacht. Und zwar: unendlich.

Schreibaufgabe

■ Die Aufgabe ist, einen »Flarf«-Zyklus zu bauen. Über »Flarf«-Poeten kann man sich in dem Bericht in der »Frankfurter Allgemeine Zeitung« vom 21. 10. 2010 (auch online auf faz.net) informieren. Flarf-Poeten kann man auch sehen und hören, wenn man sie bei YouTube unter dem Begriff »flarffestival« sucht.

■ Flarf-Poeten arbeiten so: Sie geben ein paar Stichworte bei Google ein, drücken auf »Suche« und nehmen sich aus den Listen, die geliefert werden, beliebige erste Teilsätze heraus. Die werden dann in ein Word-Dokument kopiert und zu einem Gedicht verarbeitet. Schleifen, kürzen, um Kleinigkeiten ergänzen – all das ist erlaubt. Gibt man zum Beispiel »Idiotie« und »Vernetzung« ein, lässt sich ein Gedicht dieser Art herstellen:

TEXTPROJEKTE UND SCHREIBAUFGABEN I

It's the bitches, idiot!

Man ist von Idioten umzingelt.
Das Überraschende ist:

Die Idioten haben Recht.

Ihre Stärke ist die Vernetzung
und Fähigkeit zur Kommunikation.

Da ist es zwecklos, sich von ihnen abzusetzen.
Sie lassen die Übersetzung von Idiotie übersetzen.
»Hi leute, ich möchte zwei Gebäude vernetzen.«

Nicht ärgern. Noch ein paar Tage warten.
Dann ist wieder
die Globalisierung an allem schuld.

■ Man wähle sich ein Thema für einen Flarf-Zyklus. Warum nicht »Liebe«?! Dafür gibt man bei Google Worte und Wortreihen ein, die damit assoziiert sind, z. B.: »Herz« und »Feuer«.
■ Aus den ersten Sätzen der Suchergebnisse baut man ein Gedicht. Wenn man fertig ist, gibt man für das nächste Gedicht z. B. »Sehnsucht«, »Schwindel« und »Komm zurück« ein usw.
■ Das lässt sich auch gut mit Freunden spielen. Alle geben an ihrem Computer dieselben Worte ein und bauen aus den Ergebnissen ihr eigenes Gedicht. Dann organisiert man einen Abend, an dem die Gedichte mit höchstem Ernst und stärkstem Pathos vorgetragen werden. Das Publikum wählt das beste Gedicht und kürt den »Flarf-Poet of the Universe«!

3. Wie man Geschichten webt

Natürlich ist die Computerlyrik nicht der letzte Schrei der Netzliteratur. Doch übt sie ein in das Prinzip der Kombination. Wer bei der Zusammenstellung von Materialien mit dem Zufall arbeitet, bekommt ein gutes Gefühl dafür, was es mit dem Schreiben im Netz auf sich hat. So verwandelt sich diese Art des Dichtens in ein gutes literarisches Aufwärmtraining für alle, die im Netz weiterkombinieren wollen, um etwas Größeres zu erzählen.

Wer sich auf diese Weise aufgewärmt hat, probt weiter mit dem Hypertext. Heute ist kaum noch vorstellbar, dass der noch vor fünfzehn Jahren als revolutionäre Neuerung gefeiert wurde. Er sollte die Leser ermächtigen, selbst Autor zu sein. Sie sollten fortan den eigenen Weg durch die Geschichte wählen. Der Hypertext galt dementsprechend als *die* Textform, mit der wir die Buchwelt endgültig hinter uns lassen und in eine neue Epoche aufbrechen.

Diese revolutionäre Stimmung kann man heute kaum noch nachvollziehen. Kein Wunder: Wir sind längst in der neuen Epoche angekommen! Das liegt am *World Wide Web*, durch das wir uns tagtäglich bewegen. Aufgebaut sind die Seiten bekanntlich mit der *Hypertext Markup Language,* kurz: HTML. Durch sie werden Texte oder sogenannte Objekte mit Links markiert. Es sind »empfindliche« Stellen, auf die man klicken kann, um von dort aus an eine andere Stelle im Text oder auf eine andere Seite zu springen.

Auf so gut wie jeder Seite sind mehrere Links einprogrammiert. Über sie kann der klickende Leser (oder lesende Klicker) den Fortgang der Lektüre bestimmen. Lesen im Netz bedeutet damit nicht mehr, einer einzigen Linie zu folgen. Lesen im Netz bedeutet, eine eigene Leselinie zu legen. Es bedeutet, sich Klick für Klick weiterzutasten. Und damit bedeutet es, die einzelnen Seiten oder Stücke, zu denen man durch das Klicken kommt, selbst zu kombinieren.

Solche Netze sind interessant für Autoren, die Geschichten im Netz erzählen wollen. Wer die Leser durch Seiten im Internet lenken will und ihnen dabei einerseits einen Freiraum für eigene Lektüreentscheidungen geben, sie andererseits aber durch einen strukturierten Erlebnisraum lenken will, muss ein Gefühl für die Bedingungen und Möglichkeiten des hypertextuellen Erzählens als Spezialspiel der literarischen Kombinatorik entwickeln. Wer es nicht kann, langweilt die Leser oder überfordert sie. Mit literarischen Hypertexten zu experimentieren bedeutet deshalb, die Grundregeln der Navigation durch Netzwerke zu erforschen.

Beim Hypertext gibt es im Gegensatz zu herkömmlichen Verfahren die Herausforderung, mit vielen kleineren Textstücken zu arbeiten, die nicht linear verschaltet sind. Deshalb gilt für Autoren: Über das Schreiben hinaus muss man sich Gedanken machen, nach welchen Regeln die Textstücke miteinander verbunden sind. Jeder Link, den man setzt (oder *nicht* setzt), entscheidet darüber, in welchen Reihenfolgen der Text gelesen und verstanden werden kann. Frühformen des Hypertextes kennt man aus der avantgardistischen Literatur. (Eine kleine Empfehlung zur Einführung: der große Roman »Rayuela« des argentinischen Schriftstellers Julio Cortázar. Er besteht aus zwei Teilen, zwischen denen man beim Lesen hin- und herspringen kann, um die wunderbare Liebesgeschichte zu lesen und sie mit Material aus einem Zettelkasten anzureichern.) Man kennt literarische Hypertexte auch aus Kinderbüchern, die vor vielen Jahren in Mode waren. In solchen Erzählungen können sich die Leser entscheiden:

Wenn Jule den Drachen besiegen soll, dann lies auf Seite 23 weiter.
Wenn Jule vom Drachen besiegt werden soll, dann blättere vor auf

Seite 32. Wenn es unentschieden ausgehen soll, dann spring zurück auf Seite 5.

Im Computer hat dieses Prinzip lange vor dem *World Wide Web* für Furore gesorgt. Zum ersten Mal 1977 mit ZORK. Das war ein Textcomputerspiel, bei dem die User klickend eine Fantasywelt erforschen. Zu lesen war auf dem Bildschirm immer nur ein Textstück, in dem kurz und knapp eine Landschaft oder eine Situation beschrieben war. Die Spieler konnten über Links in verschiedene Richtungen weiterspringen.

Öffne den Briefkasten

– stand da zum Beispiel. Und wenn man draufklickte, kam man zu einem Textstück, in dem der Inhalt des Briefkastens beschrieben war. Oder:

Greife den Troll mit dem Schwert an

– woraufhin man im nächsten Textstück mitten in eine Kampfhandlung verstrickt war. Von dort aus führten jeweils neue Links auf neue Textstücke. Auf diese Weise tastete man sich als Schatzjäger durch ein Untergrundreich voll geheimer Gänge, in dem immer neue Gestalten lauerten.
An diesen Beispielen wird deutlich, welche Anforderungen literarische Hypertexte erfüllen, wenn sie wirklich gut sind:
■ Mit jedem Klick werden immer neue Erzählstücke geliefert, die der Leser auf eine Weise zusammenbauen muss, dass er das Gefühl hat, die Geschichte selbst mit entstehen zu lassen.
■ Sie sind so erzählt, dass der Leser sich immer darüber im Klaren ist, dass die Geschichte, durch die er sich klickt, auch ganz anders verlaufen könnte.

TEXTPROJEKTE UND SCHREIBAUFGABEN I

- Sie erzeugen Spannung – etwa dadurch, dass man sich durch die Geschichte bewegt, um Abenteuer zu bestehen, um am Ende einen Schatz zu finden, eine Prinzessin zu retten, einen Mörder zu überführen oder ein Geheimnis zu lüften.
- Jeder kleine Abschnitt steht für sich. Er muss ein poetisches Eigengewicht haben. Zugleich aber muss jeder Abschnitt so geschrieben sein, dass er gleich mit mehreren anderen Abschnitten, auf die der weitere Leseweg führen kann, so zusammenpasst, dass sich tatsächlich eine Geschichte ergibt. Mit anderen Worten: Literarische Hypertexte dürfen nicht zu dicht (also zu linear), aber auch nicht zu locker (also mit zu wenig Zusammenhang) erzählt sein.

Aber wie schafft man das? Eigentlich ganz einfach. Über ein dauerndes Probieren durch Kombinieren. Zum Einstieg lässt sich mit Karteikarten arbeiten. Die heftet man sich an die Wand. Auf der ersten Karte wird ein Textabschnitt notiert oder skizziert. Das ist der Erzählungsanfang. Darin markiert man die »empfindlichen« Stellen und zieht von dort aus rote Bindfäden (die Links!) zu anderen Karten, auf denen wiederum Textabschnitte notiert oder skizziert sind. So entsteht an der Wand oder gleich an verschiedenen Wänden, die durch den Raum hindurch mit roten Schnüren verbunden sind, ein Kartennetz, in dem sich immer wieder neue Links legen lassen. Mit dem Finger kann man dann den einzelnen Linien folgen, um den eigenen Text zu lesen und dabei zu prüfen, ob er funktioniert.

Sichere Zeichen dafür, dass er *nicht* funktioniert, sind: Man verrennt sich im Gestrüpp der Karten. Der Text wird unübersichtlich. Die Leselust nimmt ab. Und schließlich gibt man auf, weil man nicht mehr weiß, was hier eigentlich warum erzählt wird. »Lost in Hypertext« nennt man das. Jeder kennt dieses Gefühl nicht nur von literarischen Hypertexten, sondern auch vom Klicken durch Seiten im Internet, die ohne Sinn und Verstand für die Prinzipien des Nichtlinearen und der Kombinatorik programmiert worden sind.

Scheint der Hypertext aber zu funktionieren, zieht man mit ihm ins Netz um. Mittlerweile gibt es viele Anbieter, bei denen sich umsonst ganz schlichte Homepages aufbauen lassen. Für den Anfang reicht das. Da meldet man sich an und legt los. Man muss nur in der Lage sein, den Text mit ein paar ersten Grundkenntnissen in HTML (die dem User bei einigen Anbietern im Netz auch schon abgenommen werden) von den analogen Karten auf die digitalen Seiten zu übertragen und dann einen oder mehrere Links zu legen. Überprüfen lässt sich der Text jetzt durch Klicken, Schritt für Schritt, Variante für Variante. Zu empfehlen ist, Freunde und Bekannte die Betaversionen des Textes lesen zu lassen. Die können am genauesten sagen, wo und wann der Text nicht funktioniert.

Nicht anders hat es übrigens die Netzautorin Susanne Berkenheger bei ihrem Debüt gemacht. Sie hat 1998 mit »Zeit für die Bombe« einen Hypertext geschrieben und programmiert, der damals den ersten deutschen Netzliteraturwettbewerb gewonnen hat. Es ist – aus heutiger Perspektive – ein echter Old-School-Text, der logischerweise nicht den heutigen Möglichkeiten der Seitenprogrammierung entspricht. Aber wer ihn anklickt, um etwas Grundsätzliches über das Prinzip des Schreibens unter Strom zu lernen, kann sich auch über zehn Jahre später noch von seinem mit einfachsten Mitteln erzeugten Schwung mitreißen lassen.[12] Er kann Mut machen, ein eigenes Projekt ebenfalls erst einmal mit allereinfachsten Mitteln zu beginnen.

»Wartet auf mich«, rief Veronika, ungebremst wie eine Rakete...

---

[12] http://www.wargla.de/index3.htm.

So beginnt Berkenhegers Text. Dann werden die Zeilen durch nächste Zeilen ersetzt, ohne dass der Leser etwas tun kann. Die Lektüre nimmt an Fahrt auf und lässt immer wieder Zeilen auftauchen und verschwinden.

... und stellt Euch vor: zwei Zöpfe flackerten Antriebsdüsen gleich am Hinterkopf ...

... Veronikas Nase kräuselte sich schon in einer recht verheißungsvollen Zukunft ...

... im Gepäck hatte sie eine Bombe ...

Sie war eben jung und verliebt!

Erst jetzt erscheint auf der Seite ein Textstück, von dem aus man selbst weiterklicken muss. Von hier aus kann man auf knapp einhundert unterschiedliche Seiten gelangen, die so miteinander vernetzt sind, dass die Erzähllinien vier Figuren folgen, die nach einer verschwundenen Bombe suchen. Dabei läuft die Zeit ab. Denn es ist eine Zeitbombe, die irgendwo tickt und alle ins Verderben reißen kann.

Zwischendurch erscheinen einzelne Zeilen auf dem Bildschirm, die von selbst umspringen und dem Text eine ganz eigene Geschwindigkeit verleihen. Steht er wieder still, hat man gleich drei Möglichkeiten, die Geschichte weiterzulesen:

Iwan wartete erst einige Sekunden, dann Minuten, eine viertel Stunde, eine halbe, eine ganze ... Gleich würden er und der geliebte Koffer gemeinsam explodieren. Als er es aber nach vielen Stunden immer noch leise ticken hörte, drängte es ihn plötzlich zum Handeln. Vielleicht könnte Veronika die Zeitbombe doch noch *anhalte. Schließlich war es ja ihre, dachte Iwan und gleich danach, daß das doch wohl nicht gut sein könne. Veronika – eine Bombenlegerin? Oder etwa doch? Auf jeden Fall konnte Veronika die Zeit schon immer gut anhalten, erinnerte sich Iwan und verlor eine weitere halbe Stunde mit müßigen, gründuftenden Erinnerungen. Iwan, jetzt reiß dich mal zusammen! Zwei Fragen sind entscheidend: Wo ist <u>Veronika</u>, und wie kommst du hier <u>raus</u>. Oder ruf endlich die <u>Polizei</u>!*

Klicken kann man auf »Veronika«, um der Geschichte weiter aus ihrer Perspektive zu folgen. Klicken kann man auch auf »raus«, um zu einer anderen Figur zu wechseln. Und klicken kann man schließlich auf »Polizei«, um dann auf dem weißen Bildschirm in riesigen Lettern den Vorwurf zu lesen:

Ihr würdet wirklich die Polizei holen? <u>Schämt Euch</u>!

Klickt man jetzt auf »Schämt Euch«, kommt man »zur Strafe in eine üble Spelunke«, in der die Geschichte dann noch einmal einen ganz anderen Dreh bekommt.
So spielt der Leser nicht nur mit dem Text. Ganz offensichtlich spielt der Text auch mit dem Leser. Und im Hintergrund sitzt die Autorin und spinnt ihre Fäden, um alle, die vor dem Bildschirm sitzen, immer weiter in ihre Geschichte zu verstricken.

Wer noch mehr über dieses Verstricken lernen will, schaut sich den technisch ganz einfach gemachten Hypertext »Hausordnung«[13] von Anneke Wolf an oder den viel avancierteren Hypertextkrimi »Meine Stimme ist weiß«[14] von Susanne Wolf (alias Susanne Peter).

---

[13] http://www.annekewolf.de/gast/haus.html.
[14] http://www.dopa.de/stimme/index.html.

Beide stehen – so wie Berkenhegers Text auch – noch im Netz. Man kann sie googeln. Aber wer weiß, wie lange noch!? Deshalb gilt: Man muss sich ständig auf dem Laufenden halten, indem man einfach durchs Netz surft und nicht nur nach den alten, sondern vor allem nach den neuen Projekten und Texten sucht. Dafür gilt dann auch: Man sollte sich, sobald man auf gut gestaltete Seiten kommt oder interessante Linkvarianten sieht, die sich literarisch verwerten lassen, sofort Notizen machen, um festzuhalten, was daran gut funktioniert (oder was nicht funktioniert).

Allerdings sollte man dafür nicht nur auf literarischen Seiten suchen. Die wirklich interessanten Sachen finden nicht in der ohnehin recht schwachen Hypertextszene statt. Nichtlineares und kombinatorisches Erzählen werden auf den Plattformen des Web 2.0 in ganz neuen Dimensionen gepflegt. Hier gibt es die avanciertesten, komplexesten und faszinierendsten Hypertexte. Dazu später mehr. Das hier ist erst einmal nur die Fingerübung zum Einstieg.

WIE MAN GESCHICHTEN WEBT

Schreibaufgabe

■ Die Aufgabe ist, sich einen kleinen analogen literarischen Hypertext zu bauen. Er soll aus insgesamt 30 Seiten, besser: Karten bestehen, die auf beliebige Weise miteinander vernetzt werden können.

■ Ein Thema als Angebot (das natürlich beliebig variiert werden kann): An einer Bar, die wahlweise in einem Edelhotel, in einem Klub oder in einer heruntergekommenen Eckkneipe platziert ist, sitzt ein Pärchen (Mann/Frau, Mann/Mann oder Frau/Frau). Sie sind sich zu Beginn der Erzählung bereits so weit nähergekommen sind, dass sie sich gleich zum ersten Mal küssen werden. Und tatsächlich küssen sie sich. Die Szene wird von einem oder einer Dritten beobachtet. Er oder sie steht hinter der Bar und hat die Annäherung genau verfolgt – den Kuss natürlich auch.

■ Der Hypertext soll nun aus der Perspektive dieser drei Beteiligten erzählt werden. Der Zeitraum umfasst etwa zwei Minuten: die letzte Annäherung, der Kuss, der Moment danach. In den Textblöcken steht jeweils, was jede der drei Personen sieht, denkt, fühlt, tut und sagt.

■ Zuallererst skizziert man in einem Notizbuch eine Art Story-Board, in dem die Situation ausgestaltet wird: Was wird erzählt? Was passiert? Und warum passiert es? Was sehen, denken, fühlen, tun und sagen die drei?
Als Zweites soll notiert werden, nach welchem Prinzip die einzelnen Karten miteinander verknüpft werden. Die Frage ist: Wann lohnt sich ein Sprung zu einer anderen Karte – und warum lohnt sie sich?

■ Dann verteilt man das Story-Board in kurzen Einzelskizzen

auf die dreißig nummerierten Karteikarten und arrangiert sie entsprechend der Landkarte auf dem Boden oder an der Wand. Auf den Karten sollen immer gleich auch mögliche Verknüpfungen mit anderen Karten notiert werden.

■ Nun kann man damit beginnen, kurze Textblöcke zu entwerfen. Markiert werden sollen dabei die Wörter oder Passagen, von denen die Links zu anderen Karten führen. Dann gilt es, die Texte weiter auszuformulieren und auf die Links abzustimmen – und umgekehrt die Links auf die Texte abzustimmen.

■ Parallel dazu sollte man in einem Notizbuch (oder einer geöffneten Datei) Ideen, Schwierigkeiten, Fragen, Antworten festhalten, auf die man bei der allmählichen Verfertigung des Hypertextes stößt.

4. Mit dem Handy dichten

Die SMS hat lange Zeit niemand als revolutionäres Medium auf der Rechnung gehabt. Dabei hat sie unser Kommunikationsverhalten radikal verändert. Im Dezember 1992 wurde die erste SMS von einem Computer an ein Handy verschickt. Mit dem Siegeszug der mobilen Telefone hat sich der Short Message Service dann zu einer reinen Selbstverständlichkeit für alle Nutzer entwickelt, die nicht nur telefonieren, sondern den Empfängern auch kleine Textnachrichten zukommen lassen wollen. Mittlerweile tut es jeder. 2009 sind allein in Deutschland über 34 Milliarden kleine Textnachrichten verschickt worden. Da wundert es nicht, dass das Schreiben von SMS längst als »simsen« seinen Eintrag im Duden bekommen hat.

Jeder Handybesitzer weiß, dass die besondere Kunst beim Schreiben von SMS nicht nur darin besteht, besonders schnell die richtigen Tasten zu finden. Auch muss das, was gesagt werden soll, auf kleinstem Raum gesagt sein. 160 Zeichen stehen inklusive Leerzeichen zur Verfügung. Bei Nutzern neuerer Handys sind es bis zu 300. Wer hier schreibt, schreibt nur das Nötigste. Wenn es geht, möglichst noch weniger.

Das hat von Beginn an zu eigenartigen Abkürzungen geführt. Bekannt sind nicht nur Akronyme wie »4u« (für »for you«) oder »srsly« (für »seriously«). Auch die Emoticons haben sich rund um die Welt verbreitet, weil man mit ihnen über drei oder vier Zeichen ganze Gefühlslagen ausdrücken kann. Ob Lächeln :-) oder Lachen :-)) …, hier wird ganz schnell getippt, wofür man sonst viele Worte bräuchte.

Das Schreiben von SMS folgt damit vor allem einem Prinzip: der Verdichtung. Die besten *Short Messages* sind entweder jene, die etwas, was man auch lang und breit sagen könnte, auf den berühmten Punkt bringen. Oder es sind jene, die beim Übertragen am wenigsten Platz brauchen, aber demjenigen, der sie empfängt, möglichst viel sagen.

Wer das Simsen so versteht, kann es als eine Kunstform entdecken, die mehr tut, als bloß Informationen zu übertragen. Denn die Nähe zu dem, was Gedichte als besonders verdichtete Textformen leisten, liegt auf der Hand. Es liegt sogar so sehr auf der Hand, dass sich bereits in den späten Neunzigerjahren erste SMS-Lyriker hervorgetan haben, die das neue Medium nutzen wollten, um ihre poetischen Texte mittels der technischen Vorgaben formatieren und übertragen zu lassen.

Und wo es Lyriker gibt, da lassen die Lyrikanthologien nicht lange auf sich warten. Wer sich für das Schreiben von *Short Messages* sowohl im Netz als auch in Buchform inspirieren lassen will, kann in ihnen ein bisschen herumklicken oder -blättern. Im Netz findet man neueste Gedichte, wenn man bei Google oder einer anderen Suchmaschine »SMS« plus »Lyrik«, »Gedichte« oder »Lyrics« eingibt. Und in den Onlinebuchläden (und auch in den Läden um die Ecke!) findet man kleine Bändchen wie etwa das von Anton G. Leitner herausgegebene, das den Untertitel »160 Zeichen Poesie« trägt.

Die Pointe von Leitners Sammlung ist: Er hat nicht nur Lyriker der Gegenwart Gedichte für das Handydisplay schreiben lassen. Er hat auch Texte gesammelt, die zum Kanon der deutschen Dichtung gehören und von Autoren geschrieben worden sind, die noch gar kein Handy kannten, aber sich trotzdem mit 160 Zeichen oder weniger begnügt haben. So gehört auch Goethe mit dazu:

In deinem Herzen
Ist nicht viel Platz,
Drum alle acht Tage
Einen neuen Schatz.[15]

---

[15] Anton G. Leitner (Hg.): SMS-Lyrik, S. 70.

MIT DEM HANDY DICHTEN

Das ist zwar nicht der Gipfel der goetheschen Dichtkunst, aber dafür werden hier nur 77 Zeichen gebraucht.

Da könnte fast noch ein Gedicht von Bertolt Brecht in dieselbe SMS hineingetippt werden, wenn es sich mit dem Goethegedicht nicht allzu sehr beißen würde. So schön ist es, dass man es ohnehin ganz allein versenden sollte:

Schwächen

Du hattest keine
Ich hatte eine:
Ich liebte[16]

Und auch Joseph von Eichendorffs berühmte »Wünschelrute« passt auf das Display der postmodernen Romantiker:

Schläft ein Lied in allen Dingen,
Die da träumen fort und fort,
Und die Welt hebt an zu singen,
Triffst du nur das Zauberwort.[17]

Das alles sind Fundstücke, auf die man stößt, wenn man sich durch die Klassiker blättert. Tippt man sie ins Handy, sind es aber keine Klassiker mehr. Sie verändern sich sofort. Denn dann stehen sie nicht mehr auf Papier. Sie werden zu Botschaften, die in Sekundenschnelle über weite Strecken durch die Luft gesendet werden. Nun erst kommt zur Geltung, was vielleicht von Beginn an schon in diesen Gedichten steckte, aber durch Druck und Papier verdeckt wurde. Im Handynetz werden es echte Moment-

---

[16] Leitner: SMS-Lyrik, S. 47.
[17] Leitner: SMS-Lyrik, S. 83.

gedichte, die vor allem eines im Sinn haben: das schreibende, tippende Ich im Hier und Jetzt mit jenem Du zu verbinden, das am Empfangsgerät sitzt und auf »SMS lesen« drückt.

Der geheime Zauber, mit dem Gedichte dieser Art spielen, wenn sie erst einmal als *Short Message* verschickt werden, ergibt sich dementsprechend aus dem Prinzip der Kombinatorik. Denn von allen Wahlmöglichkeiten, die das Netz hergibt, an das man mit seinem Telefon angeschlossen ist, wählt man eben *die eine* Verbindung und lässt durch sie einen Sinnzusammenhang entstehen, der nicht entstanden wäre, hätte man eine andere Verbindung gewählt.

Die gelungensten SMS-Gedichte sind folgerichtig die, in denen genau dieser einerseits völlig kontingente, andererseits aber so magisch zwangsläufige Zusammenhang thematisiert wird. Die SMS-Gedichte sind dann, wie man so schön sagt, selbstreflexiv, weil sie sich immer auch selbst im Blick haben und über die Bedingungen ihres Entstehens sprechen. Sie geben Auskunft davon, dass hier eine Linie gezogen, ein Missing Link zwischen dem schreibenden Ich und dem empfangenden Du überbrückt wird und dass hier Datenpakete übertragen werden, die hochgradig aufgeladen sind. Sie wollen nicht nur informieren. Sie wollen elektrisieren!

In der Anthologie von Anton G. Leitner sind auch Verse von Lyrikern zu finden, die ihre Handys als magische Schreib- und Sendegeräte einzusetzen wissen. So etwa Tanja Dückers, die in ihren kurzen Versen das rastlose Suchen und Tippen hörbar und spürbar werden lässt:

denke so oft an dich
schreibend schreibend
einmal pro stunde ein leises
stolpern der finger[18]

---

[18] Leitner: SMS-Lyrik, S. 10.

MIT DEM HANDY DICHTEN

Oder Karin Fellner, die daran erinnert, dass die Elektrizität der Geräte, mit denen hier geschrieben und empfangen wird, eine ist, die den ganzen Körper unter Spannung setzt – bzw. umgekehrt: dass es die Elektrizität der Körper ist, mit der die Geräte aufgeladen werden.

du hast meine finger elektrisiert
fremde sind meine hände heiß
laufen sie über plastik zwei
hundert volt auf den nägeln[19]

Joachim Satorius hat sein Gedicht als Nachricht verkleidet. Es sind gerade mal 83 Zeichen. Sie ergeben auf den ersten Blick eine schlichte Mitteilung. Wenn man aber genau hinschaut, dann sieht man: Die Irritationen werden beim Lesen mit jedem Wort größer. Klar ist am Ende nichts. Allenfalls weiß man, dass es zu großen Entladungen gekommen ist.

Verzeih, daß ich nicht kam.
Wir waren Gewitter gucken.
Das sind die besseren Nächte.[20]

Für alle, die mit dem Schreiben unter Strom experimentieren, gehört das Verfassen solcher Gedichte zum Grundprogramm. Weil es darum geht, schreibend über die Bewegung der Texte im Netz nachzudenken, sind es gute Fingerübungen als Tippübungen. Hier entstehen kleine Notizen, mit denen nicht nur informiert, sondern zugleich ein poetischer Überschuss produziert wird. Gerade weil Texte dieser Art nicht auf die eine Aussage oder den einen Sinn festgelegt werden können, bieten sie – wie

---

[19] Leitner: SMS-Lyrik, S. 11.
[20] Leitner: SMS-Lyrik, S. 60.

in einem Netz – immer gleich mehr Anschlussmöglichkeiten, als man realisieren kann. Das schreibende Ich und das empfangende Du bewegen sich damit in einem virtuellen Raum, in dem sich mit möglichen Bedeutungen spielen lässt. Nichts steht fest, alles ist in Bewegung. Jedes Gedicht speist sich ein in den Strom und fließt mit.

Schreibaufgabe

■ Mit SMS-Lyrik lässt sich auf unterhaltsame Weise »Stille Post« spielen. Wenn man es alleine spielen will, beginnt man damit, die Short Messages zu sammeln, die man von einer bestimmten Person empfängt. Mit den kleinen Texten verfährt man so, wie wir es am Beispiel der Flarf-Lyrik in der Schreibaufgabe von Kapitel 3 vorgeschlagen haben: Die SMS werden in Bruchstücke zerlegt, dann so zusammengesetzt und leicht bearbeitet, dass sich ein neuer Sinn ergibt, der nicht mehr informiert, sondern irritiert. Wichtig ist natürlich, dass es am Ende nicht mehr als 160 Zeichen mit Leerzeichen sein dürfen. Das fertige Gedicht sendet man dann per SMS der Person zu, deren Nachrichten man als Material benutzt hat.

■ Wahlweise kann man dieses Spiel auch über mehrere Tage und Wochen weiterspielen und sich dabei einen kleinen Zyklus anlegen, der aus mehreren solcher SMS-Gedichte besteht. Dieser Zyklus könnte dann »Stille Post« heißen oder »Empfang verstört«. Die Gedichte überträgt man dafür in ein Word-Dokument, setzt darunter das Datum des Tages, an dem man die jeweilige SMS bekommen hat, formatiert alle

MIT DEM HANDY DICHTEN

Gedichte dann so, als würde man einen kleinen Lyrikband herausgeben, druckt sie aus und verschickt sie schließlich mit der Bundespost. An wen? Na klar: Return to sender.

■ Spielt man dieses Spiel zu zweit, entwickelt es einen besonderen romantischen Reiz. Denn dann können Sender und Empfänger das tun, was sie immer tun, wenn sie über das Netz kommunizieren: Sie tauschen die Rollen. Der eine nimmt in diesem Fall das Material des anderen auf und bearbeitet es weiter, um es dann sofort zurückzusenden und dem Empfänger zur Weiterbearbeitung zu überlassen (die man später wieder zurückgeschickt bekommt, damit man daran weiterarbeiten kann usw.). Auf diese Weise entstehen immer neue Varianten des Ausgangstextes, die sich alle in einem Zyklus zusammenfassen und ausdrucken lassen.

■ Die andere Möglichkeit ist: Weder der eine noch der andere schickt die bearbeiteten SMS-Texte zurück, sondern behält sie für sich. Erst nach einiger Zeit werden sie zusammengefügt, und zwar genau in der Reihenfolge, in der sie entstanden sind. Wenn man sie sich später gegenseitig auf Papier zuschickt, dürfen sich beide Seiten vom Ergebnis überraschen lassen.

5. Schreiben in Twittergewittern

Mit ihren 160 Zeichen hat die SMS unser Leben eher nebenbei umgekrempelt. Größte Aufmerksamkeit hat dagegen von Beginn an die Anwendung Twitter bekommen. Die lässt sogar nur 140 Zeichen Platz zum Schreiben. Abgeleitet ist der Name vom englischen »*to tweet*«, was so viel wie »zwitschern« heißt. Da ist es nur konsequent, dass Twitter einen blauen Vogel als Markenzeichen bekommen hat. Selbst zu twittern bedeutet, mit allen anderen Vögeln des Weltwaldes mitzuzwitschern und damit eigene kleine Beiträge in den großen chaotischen, bunten, lebendigen Vielklang der gegenwärtigen Kommunikationsgesellschaft einzuspeisen. Immerhin hat Twitter mittlerweile rund 20 Millionen Nutzer. In Deutschland sind es fast 100 000. Die größten Zuwachsraten gab es bislang 2009, als sich die Anzahl der Twitterteilnehmer Monat für Monat gleich um ein Drittel erhöht hat.

Während die SMS nur von Handy zu Handy geschickt wird und damit ein reines Privatmedium ist, schafft Twitter so etwas wie Halböffentlichkeiten. Oder, um es mit dem entsprechenden Modebegriff zu sagen: Twitter knüpft *Social Networks*.

Wer twittert, wendet sich nämlich nicht nur an eine Person, sondern an alle, die sich als sogenannte *Follower* eingetragen haben. Geschrieben wird für ein kleineres oder größeres Publikum, das sich für die neuesten 140 Zeichen eines bestimmten Twitterautors interessiert. Und da die Botschaften in Echtzeit übertragen werden, heißt das: Man interessiert sich für alles, was der Twitterautor gerade notiert und in die Welt hinaussendet. 160 000 Nutzer folgen derzeit dem englischen Autor Stephen Fry. Der internationale Bestsellerautor Paul Coelho hat rund 7 500 *Followers*. Und ein anonymer deutscher Autor, der sich »Schriftsteller« nennt, hat bei Twitter derzeit knapp 1 250 Leser. Zugleich folgt er selbst 321 anderen Autoren, für deren *Tweets* er sich interessiert. Mit anderen Worten: Dieser »Schriftsteller« nutzt Twitter nicht als Medium, mit dem er einseitig informiert. Er bewegt sich in einem Netzwerk, in dem er mit seinen eigenen Kurztexten immer auch auf die Kurztexte anderer Autoren reagiert. Wobei gilt: Auch die Autoren, die *Followers* von »Schriftsteller« sind, reagieren ihrerseits auf das, was sie neben vielen anderen *Tweets* von ihm bekommen.

Bei diesem Kreuz-und-quer-Senden stellt sich her, was im Twitterjargon »Ambient Awareness« oder »Ambient Intimacy« genannt wird: Umgebungsbewusstsein oder Umgebungsvertrautheit. Jemandem zu folgen bedeutet, kleinteilige Einblicke in eine ganz persönliche Lebens-, Erlebnis-, Gedanken- und Gefühlswelt zu bekommen. Umgekehrt bedeutet das eigene Twittern, anderen genau diese kleinteiligen Einblicke zu geben.

Die Bestsellerautorin und Journalistin Else Buschheuer, vielen auch als ehemalige Pro7-Moderatorin bekannt, macht über Twitter genau das.[21] Fast könnte man sagen, sie führt ein öffentliches Tagebuch. Allerdings ist der Tag keine Einheit in der Twitterkultur. Dafür ist das Medium zu schnell. Und das Buch hat Twitter natürlich auch längst hinter sich gelassen. Das von Buschheuer getwitterte Twittermotto lautet vielmehr:

alles! gleich! aufschreiben! sonst! ist! es! futschikato!
9:31 PM Jan 27th

Dementsprechend macht Buschheuer (wie viele andere Twitterautoren auch) etwas, was sich mit alten Begriffen nicht mehr recht fassen lässt. Und neue gibt es noch nicht. Mit den Bezeichnungen muss man deshalb genauso experimentieren wie mit dem Schreiben in diesem neuen Medium.

---

[21] http://twitter.com/#!/elsebuschheuer

Jeden Tag kommen hier vier bis fünf Einträge dazu und reihen sich an die tausend anderen, die alle auf derselben Seite dokumentiert sind. Man kann sie sehen, wenn man auf der Seite immer weiter hinunterscrollt.

Kulturkritiker mögen das eine Aneinanderreihung von Belanglosigkeiten nennen. Doch damit liegen sie falsch. Hier hat man es mit einem Notiz- und Skizzenblock zu tun, in dem nach neuen Möglichkeiten des Jetztzeiterzählens im Netzwerk geforscht wird. Else Buschheuer gehört dabei zu einer Gruppe von Autoren, die sich durch eine große Vielseitigkeit auszeichnen. Ausprobiert wird alles, was in 140 Zeichen passt. So lässt sich diese Seite von jedem, der mit dem Schreiben unter Strom experimentieren will, als kleines Album lesen, in dem vorgeführt wird, in welchen Formen man *Tweets* senden kann.

Da gibt es Einträge, die wie im alten Tagebuch einen aktuellen Zustand definieren:

heute bin ich in the topform of my brain oder mein körper wächst schneller als mein gehirn

Da gibt es kleine Überlegungen, die in Form loser Notizen fixiert werden:

es hat etwas ungewollt geschmackloses, tv-tipps zu geben, während draußen die welt untergeht

Dazu kommen Beobachtungen, die unterwegs mitnotiert und gleich vom Handy an alle Follower weitergeschickt werden:

ein mann mit brötchentüte vorm schlüpferladen. über seinem kopf das schild »vorsicht dachlawine«

Es gibt Einfälle, die offensichtlich während der Lektüre anderer Texte entstanden sind. Es sind Impulse, die auf Impulse reagieren, die Buschheuer von anderen Autoren empfangen hat:

nur am rande: gottfried benn hat in dem jahr, in dem er die liebesaffäre mit else lasker-schüler hatte, 297 leichensektionen durchgeführt

Immer wieder findet man skurrile Hinweise zur Lebenskunst. Es sind kleine Ratschläge, die so tun, als würden sie das Leben einfacher machen, die aber in Wirklichkeit darauf angelegt sind, Ratschläge ad absurdum zu führen:

man muss das trockene brot so gegen das rote licht des lagerfeuers halten, dass es aussieht, als wäre marmelade drauf

Dazwischen lassen sich kleinste Texte finden, die es wert sind, in jede Sammlung postmoderner Aphorismen aufgenommen zu werden:

die meisten leute, die behaupten, schönheit komme von innen, sehen aus, als hätte dieses prinzip ausgerechnet bei ihnen versagt.

Diese Pointierkunst wird von Buschheuer gern so weit gedreht, dass sich enigmatische Sentenzen ergeben, die sich aphoristisch weigern, Aphorismen zu sein:

hühnerherzen rocken nicht mehr

Darüber hinaus sendet Else Buschheuer auch Zitate mit Quellenangabe –

»ich trage den schmuck zu ehren der arbeiter. ohne sie hätte ich ihn nicht!« (catherine deneuve als fabrikchefin in ozons »potiche«)

– genauso wie Zitate ohne Quellenangabe:

»platz für die elefanten des sultans!«

Hin und wieder gibt es schlichte Tipps für den Fernsehabend:

tv: 20.15 arte »blair witch project« 21.15 sat.1 »danni lowinski« 23.00 rbb »reifezeugnis« (!!) 23.30 hr »die schöne und das biest« (marais).

Und es gibt Vorschläge, sich von der Mitteilung aus auf andere Seiten im Netz zu klicken:

für schlaflose: werner herzog eats his shoe http://www.youtube. com/watch?v=rd6rUo7Htso

Schließlich verknüpft Buschheuer ihre Beiträge immer mal wieder mit einem Foto, das sie selbst gemacht oder gefunden hat. Allerdings ist dabei das Foto nicht zu sehen, man muss den Link aktivieren, den die Autorin in ihrer Nachricht gleich mitschickt:

ich bin ein bisschen verliebt http://twitpic.com/4a0gop

Aber das ist immer noch nicht alles. Immer wieder tauchen in einzelnen Tweets @- und #-Zeichen auf. Mit dem einen (»@mylauer das hat er lange geübt, hörte ich«) antwortet Buschheuer direkt auf Beiträge von anderen Autoren. Mit dem anderen (»auf fremdem arsch ist gut durch feuer reiten #volksmund«) verlinkt sie ihren eigenen *Tweet* mit Listen, auf denen auch die Beiträge anderer Twitterautoren zum selben Stichwort dokumentiert sind.

Man kann es selbst ausprobieren: Ein paar Tage mit Else Buschheuer stellen tatsächlich so etwas wie *Ambient Intimacy* her.

Natürlich kennt man die echte Buschheuer dann immer noch nicht. Doch die Vertrautheit nimmt zu, je genauer sich die einzelnen kleinen Texte wie in einem Puzzlespiel zu einem Bild der Autorin zusammensetzen lassen.

Gespielt wird dabei einmal mehr das Kombinationsspiel. Die Autorin spielt es. Und die Leser spielen mit. Gemeinsam wird der Aufbau eines dynamischen Netzes in Szene gesetzt. Konstruiert und rekonstruiert wird die Autorin als nervöses System, das sich partikelweise affizieren, faszinieren und aufladen lässt, um Energie in kleinen Schüben weiterzugeben. Ins Spiel tritt ein, wer diese Energie aufnimmt und weiterlenkt.

Man wird bei alldem natürlich den Verdacht nicht los, dass Buschheuer hier schreibt und schreibt und schreibt, um für sich und ihre Bücher zu werben: Twitter als große Plattform zur Selbstinszenierung und Marketing-Gag. Immerhin läuft das Puzzlespiel darauf hinaus, die Autorin mit jedem Beitrag so scharf zu konturieren, dass ein unverwechselbares Image von ihr entsteht.

Doch je länger man mitliest, umso klarer wird: Die Twitterseite ist ein eigenständiger Text, der so lebendig ist wie die Autorin. Oder umgekehrt: Die Autorin ist so lebendig wie ihr Text. Text und Autorin sind durch die fortlaufende Teilchen-Konstruktion als fortlaufende Performance so eng miteinander verbunden, dass beide nicht mehr voneinander zu trennen sind. Dabei sind die Selbstinszenierung, das Marketing und das Schreiben derart verschmolzen, dass eine neue literarische Form entsteht. Das Image wird Literatur, Literatur wird Image.

Auf welche Weise man daran teilhaben will, darf man selbst entscheiden. Alle, die sich als *Followers* von Else Buschheuer eingetragen haben, können sich die *Tweets* aufs Handy schicken lassen. Man kann sie aber auch in Form von E-Mails lesen oder auf einem extra Programmfenster auf dem Desktop des Computers erscheinen lassen. Dort lassen sie sich auch mit den Beiträgen der *Tweets* anderer abonnierter Autoren in der Reihenfolge der Sendezeit auflisten. Buschheuers Beiträge sind in einem solchen Twitter-Newsticker nur ein paar Fragmente unter vielen anderen. Und Buschheuers Image ist selbst nur ein Puzzlestück, das mit anderen Stücken zusammengefügt werden muss.

Wem das aber alles zu schnell, zu viel und zu durcheinander ist, der kann den Lauf auch stoppen und sich jede einzelne Nachricht in einem extra Fenster anschauen. Dann zeigt sich, dass die *Tweets* nicht nur vom ständigen Durchrauschen leben. Wenn sie gelingen, wiegt jedes für sich als eigener kleiner bildhafter Text, als Aphorismus, als Lichtblitz, als kleines Stück Sekundenpoesie.

»trauernde essen lieber trockenen kuchen« (bestatterin)

Wer will, kann Stücke dieser Art weitersenden. *Re-Tweet* nennt man das. Und das heißt dann: als Twitterautor etwas aus dem Netzwerk aufzunehmen und es weiter durchs Netz zu senden mit der Absicht, dass auch dies ein Puzzlestück sein mag, mit dem man das Image von sich selbst auf den neuesten Stand bringt.

SCHREIBEN IN TWITTERGEWITTERN

Schreibaufgabe

■ Die Aufgabe ist, erste Schritte als Twitterautor zu machen. Zuallererst muss man sich einen eigenen Twitter-Account eröffnen (http://twitter.com), sich dafür einen Benutzernamen geben und eine pointierte Kürzestbiografie oder Selbstcharakterisierung in 160 Zeichen schreiben. Wichtig ist dann, dass man gleich zu twittern beginnt, weil man nur über das Schreiben ein Gefühl für das Medium bekommt.

■ Sobald man drin ist, sollte man sich über die Twitterseite drei, vier Autoren suchen, die für das eigene Schreiben interessant sind. Von ihnen lässt sich wie von Meistern lernen, denen die richtigen Handgriffe vertraut sind und die kleine beeindruckende Werkstücke und einen überzeugenden Work-Flow in Szene setzen.

■ Parallel dazu macht man sich Notizen auf einem Block, in einer Word-Datei – oder man eröffnet einen zweiten Twitter-Account, in dem man ausschließlich Tweets über das Twittern twittert. Dazu gehören dann Kopien oder Re-Tweets von interessanten Beiträgen anderer Autoren, auch kleine Reflexionen über die Poetik der anderen.

■ Fehlen dürfen nicht die Notizen über das, was man mit dem eigenen Schreiben bei Twitter eigentlich machen möchte. Gibt es ein Profil, das man über die kleinen Mitteilungen für sich selbst entwickeln will? Vielleicht sogar ein Image? Geht es um ein impulsives Schreiben? Oder soll es kontrolliert sein? Werden die Texte in anderen Pools (im Notizbuch, in einem Word-Dokument, im Textspeicher des eigenen Handys) vorbereitet, entwickelt, weiterentwickelt, bearbeitet und schließlich zum Senden freigegeben? Sollen die eigenen Texte

TEXTPROJEKTE UND SCHREIBAUFGABEN II

aus Material entstehen, das woanders eingesammelt wird? Oder soll es auf Material verweisen? Oder sollen es Texte sein, die ganz und gar für sich stehen, ohne sich offensiv mit anderen Seiten oder Gedanken zu vernetzen?

■ Am besten ist, man meldet sich als Follower bei der eigenen Seite an. Dann kann man nämlich dabei zuschauen, wie diese Fragen beantwortet werden. Und man kann sich von den eigenen Antworten überraschen lassen, bevor man sie dann für das eigene Projekt weiterbearbeitet und aufs Neue versendet.

Textprojekte und Schreibaufgaben II: Nächste Schritte

6. Große Romane neu gezwitschert

Dass unter den Bedingungen der neuen und neuesten Medien nicht mehr die großen Romane geschrieben werden können, wie sie das 19. Jahrhundert hervorgebracht hat, liegt auf der Hand. Schon die Autoren des frühen 20. Jahrhunderts haben gewusst, dass sich in einer Welt, die zunehmend von der Zeitung, dem Radio und dem Kino bestimmt wird, die Geschichten nicht mehr so einfach erzählen lassen. Für die Fernseh-, Computer- und Internetkultur gilt das allemal. Hartnäckig hält sich deshalb das Gerücht von der Krise des Romans.

Doch warum Krise? Die Neuen Medien haben die Literatur immer wieder elektrisiert. Der Roman hat sich gerade dort, wo sich das gebundene Buch aufgelöst hat, in ein Labor für Experimente zur Beschreibung und Erklärung einer dynamisierten Welt verwandelt. Dabei bieten die neuen und neuesten Medien den Autoren die Möglichkeit, die alten Gesetze des Erzählens zu überschreiten. Und sie bieten die Möglichkeit, die alten Texte noch einmal völlig neu zu lesen.

Wie sich die SMS- und Twittergeneration den Werken der Weltliteratur so zuwenden kann, dass sie in einem ganz neuen Licht erscheinen, haben zwei Studenten aus Chicago vorgeführt. Mit einem Augenzwinkern haben sie sich dabei auf den deutschen Reformator »Herr[n] Martin Luther« berufen. Der hat bekanntlich die Bibel ins Deutsche übersetzt, um dem Buch der

Bücher mehr Leser zu verschaffen. Alexander Aciman und Emmett Rensin wollten dasselbe für die großen, aber gerade von jungen Menschen ungelesenen Klassiker erreichen.

Aber wie macht man das? Die Antwort der beiden Studenten: Man muss auch die Klassiker in eine Sprache übersetzen, die in der Gegenwart gesprochen, geschrieben und gelesen wird. Dafür haben sie die Literatur sendefähig gemacht.

We take these Great Works and present their most essential elements, distilled into the voice of twitter – the social networking tool that with its limit of 140 characters a post (including spaces) has refined to its purest form the instant-publishing, short-attention-span, all-digital-all-the-time, self-important age of info-deluge – and give you everything you need to master the literature of the civilized world.[22]

Was dabei herauskommt, haben die beiden Studenten »Twitteratur« genannt. Insgesamt sechzig kanonische Texte präsentieren sie in ihrem Büchlein, das gerade mal 146 Seiten umfasst. Von »Macbeth« über »Robinson Crusoe« bis »Frankenstein«. Von »Ödipus« über »Anna Karenina« bis »Moby Dick«: Alles hat nur zwei oder drei Seiten Platz. Mehr wird auch nicht gebraucht. Denn was früher lang und breit auserzählt worden ist, wird nun in kleine Textpakete à 140 Zeichen zerlegt. Homers »Odyssee« wird in 17 *Tweets* erzählt, »Don Quichote« in 19. Für Stendahls »Rot und Schwarz« und Oscar Wildes »Bildnis des Dorian Gray« werden jeweils 20 gebraucht.

Aciman und Rensin haben auch Franz Kafkas »Verwandlung« übersetzt.[23] Der Twitter-User, der hier die Nachrichten

---

[22] Alexander Aciman/Emmett Rensin: Twitterature, S. xiii.
[23] Aciman/Rensin: Twitterature, S. 3 f.

sendet, wird »@bugged-out« genannt. Heißt es bei Kafka noch »Als Gregor Samsa eines Morgens aus unruhigen Träumen aufwachte, fand er sich in seinem Bett zu einem ungeheuren Ungeziefer verwandelt«, so lauten die ersten Tweets jetzt:

Another day. Gotta go out selling.

Typing feels so weird.

Uh-oh. There are some white spots on my stomach…

I seem to have transformed into a large bug. Has this ever happened to any of you? No solution on Web MD.

Der Wechsel der Erzählperspektive ist entscheidend. Aus dem personalen Erzähler von Kafkas Verwandlung wird das Twitter-Ich. Und statt in der Vergangenheit, wird in der unmittelbaren Gegenwart erzählt. Was hier passiert, passiert nämlich twittermäßig gerade eben jetzt. Dabei spricht der Erzähler nicht für sich, sondern wendet sich an alle, die seine *Tweets* abonniert haben. »@bugged-out« schreibt für seine *Followers*. Wer dranbleibt, ist live dabei, wenn der Insektenmann berichtet, was um ihn herum passiert, wie sich seine Lage zuspitzt und welche Gedanken er sich dazu macht.

Von Kafkas Erzählung bleiben dabei nur die einprägsamsten Bilder und die wichtigsten Wendepunkte übrig. Verfahren wird hier nach dem Prinzip der lockeren Rekapitulation, die man etwa dann pflegt, wenn man aus dem Kino kommt und sich gegenseitig die Highlights nacherzählt. Im Falle der Klassikerübersetzung der beiden Studenten heißt das: Sie lesen den Text und schreiben anschließend ein paar Sachen auf, die ihnen im Gedächtnis geblieben sind. Die nehmen sie und bauen sie in das *Tweet*-Format um.

Dabei wird jede Nachricht der ursprünglichen Erzählung mit der Ambient Intimacy der Twitterkultur angereichert. Hier schreibt eben nicht mehr die Krisenpersönlichkeit des frühen 20. Jahrhunderts. Das hier ist der Nerd des frühen 21. Jahrhunderts, der inmitten der Katastrophe immer noch Zeit findet, sein Handy zu betätigen, um andere im lakonischen Twitterjargon am eigenen Schicksal teilhaben zu lassen. Im Falle von Kafkas »Verwandlung« klingt das dann nach den ersten vier Tweets bis zum Ende der Erzählung so:

This is so weird. I read that this kind of thing usually reflects a deep disgust and discomfor't with one's body. Is this true? Ana/Mia/bug??

Family not happy with my condition! Father and mother may want me dead.

Sister leaves me food!!! Thank god.

Sorry no updates. Bug time is weird. Lose track.

Sister very timid and confused – what's up with that? – but still leaving me food.

Looked outside today. Men living in my house! Who let them in? Sis plays violin for them! MORE DEGRADING THAN BEING AN INSECT.

That's it. I'm going out there. Wish me luck.

GROSSE ROMANE NEU GEZWITSCHERT

OMFG, my father totally threw an apple into my back.
REPEAT: THERE IS AN APPLE LODGED IN MY
FUCKIN' BACK!

I am dying – the pain grows greater every day.

If I die my family may be able to move on. I curse the day I inexplicably transformed into a gigantic, six-legged metaphor!

And the rest is silence…

(Now that I'm gone my sister is a capable woman with a promising future. Guess the real 'metamorphosis' was hers!)

Das Besondere an den von Aciman und Rensin getwitterten Romanen und Erzählungen ist, dass sie auf einer Grenze geschrieben sind, mit der die Vergangenheit von der Zukunft getrennt wird. Von dieser Grenze aus blicken die beiden Autoren mit ihrem Übersetzungsprojekt zurück und schauen, was von der überlieferten Buchkultur übrig bleibt. Damit legen sie ein kleines Archiv der großen Geschichten, der dramatischen Grundformen, der besten Plots und der packendsten Konflikte an, die das Menschsein wahrscheinlich auch dann noch bestimmen, wenn die Medien andere sind.

Zugleich zeigen Aciman und Rensin den Verlust an, der mit der Übersetzung von Vergangenheit in Gegenwart und Zukunft einhergeht. Denn das große Erzählen wird durch die kleinen und kleinsten Formen ersetzt. Der große Erzählraum, der durch die Vergegenwärtigung des Vergangenen bestimmt war, schrumpft auf die Abfolge kürzester Gegenwarten zusammen. Und die Figuren, von denen erzählt wird, werden in virtuelle Profile auf Displays verwandelt, deren Scheinhaftigkeit nicht mehr aufzulösen ist.

Damit erfinden Aciman und Rensin eine Form des Erzählens, die den Übergang von der Vergangenheit in die Gegenwart der Neuen Medien thematisiert. Sie lässt probeweise aufscheinen, was in Zukunft passiert, wenn das Schreiben unter Strom die Bibliotheken flutet.

Die Ironie, mit der die kanonischen Romane bearbeitet werden, setzen die Autoren dabei nicht ein, um sich über das Twittern lustig zu machen. Die beiden sind keine literarischen Kulturkritiker. Sie führen stattdessen vor, wie sehr der ironische Umgang mit der Vergangenheit zur Jetztzeitkultur gehört und mit welch leichter Geste die Tradition allenfalls als Material behandelt wird, das man bearbeitet und an den nächsten Empfänger versendet. Weil ihnen das mit so leichter Geste gelingt, handelt es sich bei diesem kleinen Bändchen, das sie hier vorgelegt haben, um wirklich zeitgemäße große Literatur.

Schreibaufgabe

■ Die Aufgabe ist, einen Roman in Tweetformat zu übersetzen.

■ Man sollte sich zunächst fragen, welche Romane der Weltliteratur (und welche Lieblingsromane) in dem Büchlein von Aciman und Rensin fehlen? Dann fertigt man eine Liste an und überlegt sich, welcher Roman davon am besten auszuwählen wäre, um ihn zu twittern.

■ Die Regeln, denen die Übersetzung folgen soll, sind bereits genannt:

1. Der ausgewählte Roman wird noch einmal gelesen oder quergelesen.

GROSSE ROMANE NEU GEZWITSCHERT

2. Nach der Lektüre fertigt man eine kurze Zusammenfassung des Romans an und listet alle Stellen auf, an die man sich erinnert. Daraus wählt man die siebzehn, achtzehn oder neunzehn wichtigsten aus und legt sie sich für die anschließende Twitterisierung zurecht.
3. Die Erzählzeit wird in den Gegenwartsmodus gesetzt.
4. Der Erzähler wird in den Ichmodus gesetzt.
5. Die erinnerten Stellen werden auf 140 Zeichen heruntergekürzt.
6. Bei der ersten Überarbeitung werden die einzelne Textstücke mit der charakteristischen Twitterstilistik angereichert (Verwendung spezifischer Abkürzungen, Einbezug und Ansprache der *Followers*, selbstreflexive Bezugnahme auf die Entstehungsbedingungen des Textes im Medium Twitter...).
7. Bei der zweiten Bearbeitung wird für alle *Tweets* ein gemeinsamer Ton herausgearbeitet. Konturiert werden soll damit ein konsistenter Icherzähler, der die einzelnen Stücke über das Erzählte hinaus zusammenhält.

■ Wer will, kann im Anschluss daran genau dasselbe mit einer eigenen Romanidee machen.

7. E-Mails vom jungen Werther

Im »Twitteratur«-Buch, in dem die beiden Studenten Alexander Aciman und Emmett Rensin sechzig große Texte der Weltliteratur in 140-Zeichen-Nachrichten nacherzählt haben, kommen auch »Die Leiden des jungen Werthers« vor[24] – ein Briefroman, der sich für aktuelle Adaptionen anbietet, weil hier dauernd geschrieben und gesendet wird.

Charming new town. I will finally be able to relax and be free of my troubles.

So lautet die erste Twitternachricht. In der zweiten berichtet »@SourKraut« davon, dass er Lotte getroffen hat. Nach der dritten und vierten weiß man, dass er sich in sie verliebt hat, sie aber längst verlobt ist. In den nächsten Tweets nimmt die unglückliche Liebe ihren Lauf, es geht natürlich um »sadness«, »pain«, »sorrow«, auch diesmal ironisch angereichert mit Elementen der Twitterkultur:

My tears drown the whole Earth. This iPhone is drenched. How can a man in love restrain himself? Passion demands a dry outlet!

Schließlich fasst Werther den Entschluss, sich selbst zu töten (»I am so very sad, far too sad to kill another human being. It must be me.«). Er bringt sich tatsächlich um, und so wird die letzte Kurznachricht – so wie in Goethes Briefroman auch – von einem Freund Werthers gesendet, dem fiktiven Herausgeber der Briefe bzw. Tweets, der sich nun mit Namen »@WholeLotteLove« anstelle des toten Helden an die Leser wendet:

---

[24] Aciman/Rensin: Twitterature, S. 74–76.

Werther's funeral today. Anyone going? I can't make it so somebody give my condolences and regards. Whatever.

Der »Werther« liest sich in dieser coolen Twittervariante unglaublich rasant. Allerdings ist schnell zu spüren, wie sich die eigentliche Intensität des Briefromans verflüchtigt, gerade weil zwar gesendet und empfangen wird, aber das radikale Sendeprinzip, mit dem Goethe arbeitet, nicht mal im Ansatz erfasst wird.

Gibt man in seinem Browser www.die-leiden-des-jungen-werther.de ein, öffnet sich die Seite eines Projekts, das den »Werther«-Roman auf viel einfachere und überzeugendere Weise up to date bringt. Hier erscheint ein Landschaftsbild aus dem 18. Jahrhundert: Im Hintergrund ist eine Stadt zu sehen, davor ein Fluss, davor wiederum eine idyllische Halbinsel, auf der ein junger Mann sitzt und schreibt.

Zuerst ist das Zwitschern von Vögeln zu hören. Plötzlich setzt ein Technobeat ein, und es erscheint ein Orts- und Zeithinweis: »Wetzlar, 1771«. Gleich darauf:

Ein junges Genie macht Urlaub.

Und:

Den besten Freund hält es per E-Mail auf dem Laufenden.

Schließlich wird ein Mailformular über das Bild geblendet, in dem werther@thurn-und-taxis.hrrdn als Absender schon eingegeben ist und wilhelm@thurn-taxis.hrrdn als Empfänger gerade eingetippt wird. Der Betreff der Mail lautet:

Endlich weg!

Dann sieht man, wie von unsichtbarer Hand jene Worte in das Schriftfeld getippt werden, mit denen der erste Brief aus Goethes berühmtem Briefroman beginnt:

Wie froh bin ich, dass ich weg bin.

Auf der nächsten Seite folgt die eigentliche Pointe. Der »Werther« ist hier nämlich nicht als Fließtext zu lesen. Stattdessen muss man den eigenen Namen und die E-Mail-Adresse eingeben, um die Wertherbriefe in digitaler Form Stück für Stück zugeschickt zu bekommen: täglich, an allen Arbeitstagen, sonntags oder zu den Originalterminen. Klickt man Letzteres an, kommt die erste Sendung – so wie auch im Roman – am 4. Mai. Die nächste Mail kommt am 10. Mai, die übernächste am 12., dann am 13. usw. Wer wissen will, wie es weitergeht, schaut noch mal kurz in das Buch.

Da wird man dann auch nachlesen können, warum sich weder Twitter noch SMS eignen, um diesen Roman nachzuerzählen. Zwar ist jeder Werther-Brief in einem vorweggenommenen Short-Message-Stil geschrieben. Aber jeder Brief lebt davon, dass die kurzen Sentenzen fortlaufend aneinandergehängt werden. Das liest sich im Original so:

Ich bitte dich – siehst du, mit mir ist's aus – Ich trag das all nicht länger. Heut saß ich bei ihr – saß, sie spielte auf ihrem Klavier, manichfaltige Melodien und all den Ausdruck! All! All! – Was willst Du? – Ihre Schwestergen putzte ihre Puppe auf meinem Knie. Mir kamen die Tränen in die Augen. Ich neigte mich und ihr Trauring fiel mir ins Gesicht – Meine Tränen flossen – Und auf einmal fiel sie in die alte himmelsüße Melodie ein, so auf einmal, und mir durch die Seele gehen ein Trostgefühl und eine Erinnerung all des Vergangenen, all der Zeiten, da ich das Lied gehört, all der düstern

Zwischenräume des Verdrusses, der fehlgeschlagenen Hoffnungen, und dann – Ich ging in der Stube auf und nieder, mein Herz erstickte unter all dem.[25]

Wenn man das probeweise in Short Messages zerlegt, sieht man, wie der ganze Text in sich zusammenfällt:

21.11 Uhr
Ich bitte dich – siehst du, mit mir ist's aus – Ich trag das all nicht länger. Heut saß ich bei ihr – saß, sie spielte auf ihrem Klavier, manichfaltige Melodien und all den Ausdruck!

21.23 Uhr
All! All! – Was willst Du? – Ihre Schwestergen putzte ihre Puppe auf meinem Knie. Mir kamen die Tränen in die Augen.

21.29 Uhr
Ich neigte mich und ihr Trauring fiel mir ins Gesicht – Meine Tränen flossen –

Deutlich wird: Werther kann sich nicht auf so einen kleinen Schreibraum begrenzen. Er will dem inneren Strom der Gedanken und Gefühle freien Lauf lassen. Der ganze Text ist dementsprechend darauf angelegt, diesen Flow in Szene zu setzen. Mit anderen Worten: Werther braucht keinen *Short Message Service*. Er braucht ein Mailprogramm. Er führt mit seinem Schreibfluss exemplarisch vor, wie man dieses Programm auf kreative Weise benutzen kann.

»Nach über 200 Jahren«, jubeln die Organisatoren der Website deshalb zu Recht, »gibt es ›Die Leiden des jungen Werther‹

---

[25] Johann Wolfgang Goethe: Die Leiden des jungen Werthers [am 4. Dez.], S. 272.

endlich in Briefform.« Jetzt wird im Internet das Medium zum Leben erweckt, das dem Roman zu einer unglaublichen Durchschlagskraft verholfen hat. Nicht zufällig haben nach der Veröffentlichung konservative Kritiker gewarnt, dass »die Schrift üble Impressiones machen kann, welche, zumal bei schwachen Leuten, Weibs-Personen«, »verführerisch werden können«.[26]

Tatsächlich: Wer den »Werther« liest, der ist mittendrin statt nur dabei. Goethe hat hier eine direkte Verbindung zwischen dem »Ich« und dem »Du« geknüpft. Die Leser waren an den Strom einer empfindsamen Schrift angeschlossen, die Gefühle aufnehmen, verstärken und übertragen sollte. Der Brief wurde damit zu einem Produktionsraum, in dem sich Schreiber und Leser gemeinsam als fühlende, denkende und schreibende Wesen entwerfen.

Und zwar in Echtzeit! Denn in Werthers Briefen kommt alles unter Hochdruck aufs Papier. Jeder Brief ist mit Absicht so flüchtig gehalten, dass man spüren soll, wie schnell die Feder über das Papier rast. Statt Reflexion dominiert der Reflex. Der Text will nicht starr gedruckte Schrift sein. Er soll wie ein Seismograf das Zittern der Hand nachzeichnen. Nichts wird überarbeitet. Alles wird aufgeschrieben und abgeschickt, damit es weg ist und Platz macht für den nächsten Brief.

Lässt man sich den »Werther« Stück für Stück als E-Mail zuschicken, wird diese Energie noch einmal spürbar. Umgekehrt ist zu spüren, dass das E-Mail-Schreiben die Kultur heute genauso euphorisiert und elektrisiert, wie es vor zweihundertfünfzig Jahren das Schreiben von Briefen getan hat.

Die sukzessive »Werther«-Lektüre lässt uns damit auch unseren Umgang mit der elektronischen Post noch einmal anders verstehen. Die E-Mail ist produktiv. Und sie macht produktiv. Weil man hier in die Tasten tippt und versendet, was man gerade

---

[26] Goethe: Werther, S. 786.

jetzt denkt und sieht und fühlt. Weil man dabei ganz allein mit sich vor dem Bildschirm mit der flimmernden Schrift sitzt und der Empfänger der Nachricht unglaublich weit weg und zugleich unglaublich nah ist. Und weil das Geschriebene ohne Papier und Druckerschwärze so unglaublich vorläufig, hinfällig und deshalb ganz leicht zu sein scheint.

Allerdings führt der »Werther« zugleich noch etwas anderes, vielleicht ganz Aktuelles vor. Denn Goethe lässt seinen Helden nicht nur die produktive Kraft der neuen Briefkultur spüren. Er zeigt zugleich ihre unheimliche Destruktivität. Denn der empfindsame Fluss, den der Briefeschreiber in Gang setzt, ist einer, der ihn fortreißen wird.

Die Dramaturgie ist eine der gesteigerten Verinnerlichung. Brief für Brief entwickelt Goethe eine Geschichte, in der sich die Gefühlswelt des Schreibenden langsam, aber sicher aufheizt und schließlich so abschließt, dass sie von innen her unter Hochdruck gerät. Am Ende kennt das Ich kein Du mehr. Werther schreibt nur für sich allein, ohne noch auf Antwort zu warten. Die letzte Antwort gibt er sich schließlich selbst, mit der letzten Botschaft, die er sich selber schickt: in Form der Kugel.

Diese Mischung von Produktivität und Destruktivität hat schon beim Erscheinen des »Werther«-Romans die große Faszination ausgemacht. Sie fasziniert auch, wenn man sie heute noch mal als E-Mail-Roman liest und dabei Schritt für Schritt in ihrem Aufbau verfolgen kann. Denn plötzlich verwandelt sich der mailschreibende Werther in jene Kippfigur, die von den Kritikern der digitalen Kultur immer wieder beschworen wird: Es ist der Nerd, der an seinem Laptop sitzt, zusehends den Kontakt zur Außenwelt verliert und langsam, aber sicher von seinen aufgeheizten Fantasien überwältigt wird – bis er endgültig offline geht.

TEXTPROJEKTE UND SCHREIBAUFGABEN II

Schreibaufgabe

■ Die Aufgabe ist, einen E-Mail-Roman oder eine E-Mail-Erzählung zu schreiben, die wie Goethes Briefroman das große, tragische Ich vorführt, das sich mit dem Schreiben unter Strom entwirft und vom eigenen Sog fortgerissen wird. Das E-Mail-Projekt sollte im ersten Entwurf nicht mehr als 30 Mails umfassen.

■ Im Angebot sind für diese Schreibaufgabe vier E-Mail-Schreiber, von denen einer als exemplarische Kippfigur der E-Mail-Kultur ausgesucht und weiterentwickelt werden sollte.
Figur 1 ist der User als Surfer bzw. Surferin, der oder die sich durch das Klicken von Seite zu Seite zerstreut oder – wie man in der Fachsprache sagt – »prokrastiniert«.
Figur 2 ist der Onlinepornokonsument bzw. die Onlinepornokonsumentin.
Figur 3 ist der Kunde bzw. die Kundin eines Onlineversands für Sportschuhe.
Figur 4 ist der Online-Kriegsspiel-Spieler bzw. -Spielerin.

■ Wer will, kann sich natürlich eine ganz andere Figur ausdenken, an der sich über das Schreiben von E-Mails der Umschlag von Produktivität in Destruktivität entwickeln lässt. Recherchen dafür lassen sich im Netz durchführen. Zu suchen ist unter den entsprechenden Stichworten in den jeweiligen Szenenetzwerken. Auch sollte man Seiten konsultieren, in denen es um Onlinesucht im Allgemeinen und die jeweilige Sucht der gewählten Figur im Besonderen geht.

■ In einem ersten Arbeitsschritt wird mit 2 000 Zeichen die Story des Romans umrissen. In einem zweiten Arbeitsschritt entwirft man eine Story-Line, auf der 30 E-Mails markiert sind.

E-MAILS VOM JUNGEN WERTHER

Dazu notiert man das genaue Sendedatum, Thema und den Umfang der Mail. Mit roter Farbe sollten die verschiedenen Eskalationsstufen innerhalb der Story markiert werden: Wann rutscht der Erzähler bzw. die Erzählerin noch ein Stück weiter in ihre eigene Schreib- und Erlebniswelt hinein – und woran wird das deutlich?

■ In einem dritten Arbeitsschritt werden drei Mails konkreter entworfen und ausbuchstabiert: eine Mail aus der Phase, in der die Produktivität des Umherschweifens im Netz euphorisch gefeiert wird; eine Mail aus der Phase, in der der zunehmende Sog zu spüren ist, der den Erzähler in die virtuelle Welt hineinzieht; schließlich eine letzte oder auch vorletzte Mail, die vor dem Verschwinden der Figur geschrieben wird.

■ Wichtig ist: Die Aufgabe ist nicht nur, die jeweilige Welt auszuleuchten, in die der Erzähler eintritt. Die Aufgabe ist auch, in den Mails den Flow herzustellen, der sich später zu einem reißenden und schließlich alles mitreißenden Schreibfluss verstärken wird.

8. Briefe aus der digitalen Werkstatt

Wer Goethes »Werther« noch einmal Stück für Stück am Bildschirm liest, dem wird klar: Die Mail ist kein schnödes Werkzeug. Es ist ein Medium, mit dem wir uns schreibend herstellen. Das E-Mail-Programm ist – wie Brief und Feder und Papier und Post für Werther – ein Werkstattprogramm, in das wir Material einspeisen, in dem wir Material bearbeiten und mit dem wir uns durch den Klick auf den »Senden«-Button objektivieren, denn: Gesagt ist gesagt. Abgeschickt ist abgeschickt. E-Mails bleiben nicht beim Ich, sondern finden ihren Weg zum Empfänger.

Versteht man die E-Mail auf diese Weise als produktives Medium, wird das dauernde Briefeschreiben (zu dem wir gezwungen sind, sobald wir im Internet ein Postfach haben) ganz anders aufgeladen. Das Mailprogramm lässt sich als kommunikatives Journal verstehen, in das man Tag für Tag, Stunde für Stunde einträgt, was gerade passiert, mit welchen Themen man sich beschäftigt, woran man arbeitet, was man gerade plant, mit welchen Leuten man Kontakt hat... Es zeigt das schreibende Ich, das man selbst ist, in seinen unterschiedlichen Facetten, Rollen, Stilen, Stimmungen. Vor allem hält es größere Veränderungen dieser Facetten, Rollen, Stile und Stimmungen über einen längeren Zeitraum fest.

Wer den Aufbau und das Funktionieren eines solchen E-Mail-Produktionsraums von Nahem sehen will, der greift nach der »Werther«-Lektüre (besser: schon währenddessen!) zu einem siebenhundert Seiten dicken Buch, das der Autor Matthias Zschokke veröffentlicht hat. Bekannt ist Zschokke als preisgekrönter Roman- und Stückeautor, Kritiker und Filmemacher. Das Buch zeigt ihn im Detail als produktives Kraftwerk. Es heißt »Lieber Niels« und vereinigt weit über tausend Mails, die Zschokke vom 24.10.2002 bis zum 14.7.2009 an Niels Höpfner, einen befreundeten Autor und bekennenden Zschokke-Fan, geschrieben hat. Der hatte bereits 1996 für Zschokke eine der ersten deutschen Autorenseiten im World Wide Web programmiert und sich in den Jahren darauf als ständiger Begleiter etabliert, der zuhört, mitliest, kommentiert, auch mitschreibt und seinen Lieblingsautor mit Material versorgt.[27] Der internetkundige Höpfner ist es, der Zschokke dazu bringt, sich einen Account zuzulegen, damit sie untereinander besser und schneller kommunizieren können. So beginnt die digitale Korrespondenz nicht zufällig mit dürren Worten kurz nach Installation des E-Mail-Programms:

Irgendwie bin ich drin, verstehe aber nicht wie.[28]

In den Wochen darauf dreht sich in den Mails fast alles um die langsame Gewöhnung Zschokkes an das neue Medium (»Was für eine fabelhafte Maschine!«, »Ach, wie ernüchternd ist das Internet!«[29]), bevor der Autor sich dann langsam, aber sicher mit großer Selbstverständlichkeit durch das Netz gleiten lässt und die Briefe an den Freund fortan nur noch über den Computer versendet, statt ihm wie vorher auf Papier zu schreiben oder zu faxen.

Der liebe Niels ist dabei für Zschokke das, was der Briefempfänger für Werther ist: ein Herzensfreund, den er auf dem Laufenden hält. Die Schreibregel lautet: Zschokke schreibt alles auf, was Niels interessieren könnte. Und da der Empfänger sich für Leben und Werk seines Lieblingsautors interessiert, ist nichts zu banal. Alles ist wichtig. Es muss sich nur mit dem Produktionsprozess in Verbindung bringen lassen.

Die wichtigsten Themen der Mails: Zschokke und der Literaturbetrieb (Autorenkollegen, Verleger, Kritiker), Zschokke

---

[27] http://www.angelfire.com/ms/zschokke/Inhalt.html.
[28] Matthias Zschokke: Lieber Niels, S. 7.
[29] Zschokke: Lieber Niels, S. 16, 20.

und der Theaterbetrieb (Intendanten, Regisseure, Schauspieler), Zschokke liest Zeitung (»Frankfurter Allgemeine Zeitung«, »Neue Zürcher Zeitung«), Zschokke liest Bücher (vor allem Neuerscheinungen), Zschokke als Schreibender (Roman, Reiseerzählung), Zschokke als Reisender (Einladungen zu Lesungen), Zschokke geht ins Kino (anspruchsvolle Filme), Zschokke als PC- und Internet-User (kleine technische Probleme, Computerkauf), zschokkesche Befindlichkeiten (Ideenlosigkeit, Schreibblockade, Anflüge von Depression, Interneteuphorie).

Geschrieben werden hin und wieder ganz kurze Mitteilungen mit 200 bis 300 Zeichen ----

11.06.05
Ein einziges Kronauer-Buch habe ich gelesen, ein dickes, akademisches. Nein, Mittelmaß ist das nicht, eher Rainer-Virginia Proust, eine Mischung aus Mayröcker und Thomas Mann, mit einer Prise Joyce, alles auf dem neuesten Stand der germanistischen Forschung.

4.4.06
Wie soll das nächste Buch von mir heißen? Hättest Du einen Wunschtitel? (Wehe Dir, Du sagst, Du möchtest lieber keins mehr lesen. Schlimm genug, dass ich keins mehr schreiben möchte.)

11.10.06
Heute Nacht bekam ich von Völker eine Mail. Er hat es nun beim Tagesspiegel versucht und ist da offenbar auch gescheitert. Das Theater der Zeit wird, wie befürchtet, selbst jemanden hinschicken, bestimmt mit dem Auftrag zu schreiben, es sei kein Zufall, dass Zschokke in Deutschland nicht aufgeführt werde.[30]

---

[30] Zschokke: Lieber Niels, S. 160, 243, 303.

Geschrieben werden aber in der Regel Mails, die 4 000 bis 5 000 Zeichen umfassen. Manchmal schickt Zschokke mehrere an einem Tag. Nur selten gibt es längere Pausen.
Grundsätzlich gilt: Das Schreiben von Mails an den lieben Niels ist Zschokke schnell zur Gewohnheit geworden.

Ich stehe morgens auf, will Dir schreiben – und weiß nicht, was? Beginnender Alzheimer?[31]

Was in diesen Mails fehlt, ist die ausführliche Reflexion. Auch halten sich keine Themen über einen längeren Zeitraum. In den ausführlicheren Mails springt Zschokke absatzweise von Einfall zu Einfall. In den kürzeren reagiert er fast ausschließlich mit Reflexen. Das bekommen die Kollegen zu spüren:

Was für ein grottenschlechter Autor, dieser Peter Weiss!

Raoul Schrott [...] Ein Streber[...].

Dass Else Buschheuer immer noch ihr Internet-Tagebuch führt! Erstaunlich. Sie ist offenbar zäh. Seit wann sieht die aus wie eine Eskimo? Und seit wann hat sie so einen großen Kopf?

Ich habe Elfriedes Nobelpreis-Rede in Auszügen gelesen. Was für ein Geschwurbel.

Kunert mag ich nicht (auch nicht – ich mag ja fast keinen).

Was für ein immer gleicher Trott in diesem Literaturzirkus.[32]

---
[31] Zschokke: Lieber Niels, S. 539.
[32] Zschokke: Lieber Niels, S. 92, 63, 132, 133, 101, 286.

Je weiter man liest, umso deutlicher wird: Zschokkes Mails dienen der dauernden Selbstversicherung. Er teilt mit, wo er gerade steht. Wichtig sind Nähen und Distanzen zu Autor X oder Dramaturg Y, zu Kritiker A oder Kritikerin B. Notiert wird, aus welchen Entfernungen das eigene Werk von anderen wahrgenommen wird.

Auf diese Weise wird das E-Mail-Programm zum Logbuch. Das Schreiben an den Freund dient der täglichen Verortung innerhalb eines größeren Netzwerks, in dem die stabile Verbindungslinie zwischen Zschokke und dem lieben Niels Orientierung bietet.

Und was antwortet der Freund auf die Mails? Wir erfahren es nicht. Seine Briefe sind – auf eigenen Wunsch – nicht abgedruckt. Er fungiert als unsichtbar antwortender Partner, der die entscheidenden Stichworte gibt, mit denen er Zschokkes Schreiben im Logbuch in Bewegung hält.

Damit ergeben die Mails so etwas wie ein Begleitwerk zu Zschokkes literarischer Arbeit. Immerhin erscheinen von ihm zwischen 2002 und 2009 zwei Romane und eine Reiseerzählung. Im gleichen Zeitraum bekommt er fünf Auszeichnungen.

Von alldem ist in den Mails aber kaum die Rede. Es ist, als wären sie sorgsam um das, was gelingt, herum geschrieben. Damit verwandelt sich das Logbuch zugleich in ein eigenständiges Werk, das auch ohne den direkten Verweis auf die gedruckten Werke auskommt. »Das Buch«, so schreibt es Niels Höpfner im Vorwort, »gönnt dem Genre Roman eine Pause«. Und es entsteht, »quantitativ & qualitativ, ein Erzählband sui generis« – also: auf eigene Art, wenn nicht gar einzigartig.

Genau das führt Matthias Zschokke allen vor, die mit dem Schreiben im Netz experimentieren wollen: wie man in seinem Mailprogramm einen Erzählband sui generis schreibt, während man nebenbei noch andere Projekte vorantreibt. So wird der Autor gerade nicht vom Netz verschluckt. Auch dann nicht, wenn man sich wie Zschokke auf den Flow des elektrifizierten Schreibens einstellt.

Das liegt daran, dass er die produktive Seite des Mailschreibens nutzt. Er erweitert seine Werkstatt um ein Medium zur Kommunikation mit einem Du, in dem er schneller, unmittelbarer reagieren kann und das für ihn so etwas wie eine Konstanz zwischen all dem bietet, was sich um ihn herum bewegt.

Das verortende Schreiben, das Schreiben des Logbuchs, ist deshalb hier auch immer: ein entlastendes Schreiben, vielleicht auch: ein therapeutisches Schreiben. Es setzt den Autor (anders als Werther, den anderen Mailkünstler) nicht immer weiter unter Druck. Es löst den Druck auf. Und das tut es so erfolgreich, dass die ganze Erzählung sui generis etwas wunderbar Gelöstes hat.

TEXTPROJEKTE UND SCHREIBAUFGABEN II

Schreibaufgabe

■ Die Aufgabe ist, sich aus dem eigenen Mailprogramm die Briefe herauszuziehen, die man an einen oder mehrere Empfänger geschrieben hat und die zusammen so etwas wie eine oder mehrere Erzählungen ergeben. Man kann die Briefe ausschneiden und in ein Word-Dokument kopieren, um sie hintereinander zu lesen.

■ Was für Erzählungen (sui generis) sind das? Wie lässt sich im Unterschied zu Zschokkes therapeutischem Schreiben in seinem Logbuch beschreiben, was man mit den eigenen E-Mails macht?

■ Das sollte man wiederum aufschreiben. Und wenn man dann weiß, was man da eigentlich tut, und eine Vorstellung von dem bekommt, was man noch besser tun könnte, um das eigene Schreiben zu befördern – sollte man aus all seinen E-Mail-Bekannten jemanden heraussuchen, mit dem man die nächste Erzählung beginnen kann.

9. E-Mail-Romane schreiben

In Goethes transformiertem »Werther« und Zschokkes digitaler Werkstatt werden die produktiven Möglichkeiten der E-Mail mit einem schreibenden »Ich« erforscht. Man kann aber auch gleich mit zwei, drei oder noch mehr Personen experimentieren. Dann folgt der Leser nicht einer einzelnen Entwicklungsgeschichte. Das Hauptaugenmerk liegt stattdessen auf der Entstehung einer kommunikativen Zwischenwelt, über die Realität neu definiert, strukturiert und dynamisiert wird.
Umgestellt wird dabei von Monolog auf Dialog bzw. »Polylog«. Die Zwischenwelt ist eine, die ganz allein über das geschriebene Gespräch entsteht. E-Mail-Romane zu schreiben heißt deshalb: Szenen für eine völlig dunkle Bühne zu schreiben, auf der allein die Worte als virtuelle Körper agieren.

Wie das geht, hat der Schriftsteller Daniel Glattauer gezeigt. Sein Roman »Gut gegen Nordwind« besteht ganz aus den Mails, die sich Leo Leike und Emmi Rothner schreiben. Leo – Mitte dreißig, vor kurzer Zeit von der Freundin verlassen – forscht an der Universität als Sprachpsychologe über die E-Mail als Transportmittel von Emotionen. Emmi – etwas älter, verheiratet – programmiert Firmenseiten für das Internet. Emmi schickt eine Mail gleich mehrmals an die falsche Adresse. Die gehört Leo, der erst unwirsch reagiert, sich dann aber mit Emmi auf ein Spiel einlässt, bei dem sich beide flirtend näherkommen und schließlich zu einem Liebespaar werden, ohne sich jemals in die Augen geschaut zu haben.

Glattauer hat für seinen Roman eine Dramaturgie der zarten Zuspitzung gewählt. Umgesetzt wird das im schlichten Dialogschema, bei dem in der Regel Leo und Emmi abwechselnd schreiben. Nur manchmal ändert sich der Rhythmus. Etwa dann, wenn einer der beiden nicht antworten kann oder mag oder wenn unter großem Schreibdruck gleich mehrere Mails kurz hintereinander verfasst und abgeschickt werden.

Der Rhythmus des Dialogs wird zusätzlich durch die Länge der Mails variiert: Da gibt es die langen, ausführlichen Erklärungen, Bekenntnisse und Zuwendungen, dann gibt es immer wieder die blitzschnell getauschten Mails, die nicht länger als Nachrichten vom Handy sind.

Der Rhythmus wird aber auch wesentlich durch die Zeitangaben bestimmt. Glattauer hat dafür eine gute Lösung gefunden. Er schreibt nämlich weder Datum noch Sendezeit über die Mails. Genannt wird immer nur der zeitliche Abstand zur jeweils letzten Sendung: »Drei Tage später«, »Vier Stunden später«, »Zwei Minuten später«, »Zwanzig Sekunden später«...

Knapp zwei Stunden später
RE:
Na hoppla! Lieber Leo, es ist jetzt 23 Uhr 43. Träumen Sie noch oder schlafen Sie schon? Wenn nicht, dann frage ich Sie:
1.) Wollten Sie wirklich, dass ich zu Ihnen komme?
2.) Wollen Sie noch immer, dass ich zu Ihnen komme?
3.) Sind Sie vielleicht wieder »ein bisschen betrunken«?
4.) Wenn ich zu Ihnen komme, was hätten Sie sich da vorgestellt, das wir beide machen?

Fünf Minuten später
AW:
Liebe Emmi,
1.) Ja. 2.) Ja. 3.) Nein. 4.) Was sich ergibt.

Drei Minuten später
RE:
Lieber Leo,

1.) Aha. 2.) Aha. 3.) Gut. 4.) Was sich ergibt? Es ergibt sich immer das, was man will, dass sich ergibt. Also was wollen Sie, dass sich ergibt?

50 Sekunden später
AW:
Ich weiß es wirklich nicht, Emmi. Aber ich glaube, wir wissen es sofort, wenn wir uns sehen.[33]

Weil an jeder Mail ohne weiteren Zusatz zu erkennen ist, wer von beiden schreibt, steigert sich der Lesefluss – unterbrochen nur von weißen Seiten, die insgesamt neun Kapitel markieren, in denen jeweils eine neue Phase mit gesteigerter Intensität eingeleitet wird.

Von diesen Kapiteln aus lässt sich die Entstehung des Romans rekonstruieren:
- Zuerst werden die neun Abschnitte markiert und mit kleinen Exposés zu Inhalt und dramatischem Ablauf versehen.
In jedem Abschnitt wird auf zwei Linien die Dialogfolge abgestimmt (A – B – A – B – B – A…) und mit einem Zeitindex versehen.
- Dann werden die einzelnen E-Mails geschrieben, wobei die Dialogfolge immer wieder angepasst wird.

Glattauer arbeitet dabei eine spezifische Spannung zwischen Leo und Emmi heraus. Er lässt ihre Schreiblinien nämlich trotz Zuspitzung nicht im rechten Winkel aufeinander zulaufen. Stattdessen geht es hin und her. Auf Annäherungen folgen Distanzierungen, auf Intimitäten folgen Schroffheiten, auf Verständnis folgt Befremden. Umgekehrt folgen auf die Distanzie-

---
[33] Daniel Glattauer: Gut gegen Nordwind, S. 91.

rungen neue Annäherungen, auf Schroffheiten neue Intimitäten, auf jedes Befremden ein ganz neues Verstehen des anderen.
So sind es eher zwei gewellte Linien, die einander umspielen und sich dabei immer näher kommen. Allerdings nicht, um sich am Ende zu verbinden. Die beiden Schreibenden können ihren Textraum nicht überschreiten. Sie wollen es, sie planen es, sie verabreden sich am Bildschirm, schreiben sich ein »Bis gleich« und schaffen es dann doch nicht, den nächsten Schritt zu setzen. So endet die Geschichte im Nichts. »Wie tun wir weiter?«, fragt Emmi ganz zum Schluss. Die Antwort wird schon nicht mehr von Leo geschrieben:

ACHTUNG GEÄNDERTE E-MAIL-ADRESSE. DER EMPFÄNGER KANN SEINE POST UNTER DER GEWÄHLTEN ADRESSE NICHT MEHR AUFRUFEN. NEUE MAILS IM POSTEINGANG WERDEN AUTOMATISCH GELÖSCHT: FÜR RÜCKFRAGEN STEHT DER SYSTEMMANAGER GERNE ZU VERFÜGUNG.[34]

Glattauers Erzählprinzip folgt dem berühmten Blackboxspiel. Sowohl Leo als auch Emmi kommunizieren miteinander durch ihren Computer. Dabei sind sie füreinander unsichtbar (also jeder sitzt für den anderen in der schwarzen Box, in die man nicht hineinschauen kann). Sie können immer nur aus dem, was an Text herausgegeben wird, erraten, wer auf der anderen Seite sitzt und was er wirklich will.
Weil sie nur jeweils die Texte des anderen interpretieren und dabei ihre Vorstellungen vom anderen, vor allem die eigenen Sehnsüchte und Wünsche in Bezug auf den anderen, beim eigenen Schreiben verklausuliert einsetzen müssen, öffnen sie sich

---

[34] Glattauer: Gut gegen Nordwind, S. 223.

immer weiter und bilden zugleich Fantasiebilder vom anderen aus. Jede Weiterentwicklung dieser Bilder zieht eine Antwortmail nach sich, in der ein weiteres Puzzlestück dazugegeben wird.

So setzt der Autor seine beiden Mailschreiber als liebende Kombinatoren ein, die sich in der Blackbox als Zwischenraum zusammensetzen. Und er lässt sie dabei von Mail zu Mail überlegen, wie sich das alles mit dem kombinieren lässt, was beide jeweils auf ihrer Seite der Blackbox an Wirklichkeit haben.

Daniel Glattauer arbeitet mit zwei Personen. Jan Kossdorff arbeitet in seinem Roman »Spam!« gleich mit 17 Mailschreibern. Nicht zufällig nennt er sein Werk ein »Mailodram«.[35] Das erinnert daran, dass Autoren von E-Mail-Romanen vor allem szenisch denken müssen. Da immer nur durch die Figuren hindurch erzählt wird, die gerade in Erscheinung treten, müssen diese alles sagen, was gesagt werden muss, um sich selbst, die anderen und die Handlung zu konturieren. Kossdorff weiß das und übertreibt es mit ironischer Geste. Genau deshalb ist sein »Mailodram« eben ein Mail-Roman, der stark konturierten melodramatischen Mustern folgt.

Wie aber hält man so viele mailende Figuren im Spiel, ohne dass alles durcheinandergeht? Kossdorffs Trick: Er wählt *eine* Hauptfigur und gruppiert die anderen um sie herum. Präsentiert werden in chronologischer Reihenfolge die Nachrichten, die in eine einzige Mailbox hinein- und wieder hinausgehen.

Kossdorff vereinfacht das alles noch einmal, indem er diese Box an einem klar umrissenen Ort platziert: Sie liegt auf dem Server eines jener windigen *Dotcom-Start-up*-Unternehmen, die rund um das Jahr 2000 herum aus dem Boden geschossen sind.

Hier wird nicht nur mit Kunden über das Netz kommuniziert. Auch wird der gesamte Arbeitsablauf über das E-Mail-Programm geregelt. Dabei werden alle Freund-, Lieb- und

---

[35] Jan Kossdorff: Spam! Ein Mailodram.

Feindschaften online abgewickelt. Das Netz ist das eigentliche Medium, in dem diese Firma und alle ihre Mitarbeiter existieren.

Und mittendrin: der überscharf konturierte Fiesling Alex, der allem und jedem, mit dem er zu tun hat, zynische, beleidigende Nachrichten schreibt.

Von: Alex
Mo, 13:51
An: Vroni, Babs, Ulli
Betreff: Motivation!

Hallo Mädels!
So schwer wie ihr arbeitet, habt ihr euch auch von eurem Vorgesetzten mal ein paar nette Worte verdient (dass ich dabei von den Besten klaue, geht hoffentlich in Ordnung):
Unrasiert, mit Gin-Fahne und verdammt deprimiert, hier in diesem Schweinestall zu hocken, bin ich gerade seit Wochen das erste Mal wieder an meinem Schreibtisch eingeschlafen. Ich höre, alles geht den Bach runter, und das geht mir unabhängig von den Millionen auf meinem Konto auf den Sack. Mein Eindruck nach den vielen Zechereien im Ausland: Die Leute – egal ob die Schlampe in der versifften Absteige oder der schmierige Junior Managing Director irgendeiner Software-Dschunsen – hassen unser Produkt. Und warum? – Weil ihr euren faulen Hintern nicht bewegt und alles in den Sand setzt. Das spürt der hämorridenärschige Aufsichtsrats-Vollkoffer genauso wie der halbdebile User in seinen vollgepissten Jogging-Hosen. Nein danke, Leute! [...]
Also macht nur weiter so, dann nehmen sie uns alle zusammen fest!
Alex

Hoffe, das gibt Euch ein bisschen Auftrieb. Bin jetzt in der Sitzung. Wenn mich die Alte umbringt, löscht den Ordner »Blumen und

Poesie« von meinem Desktop. Schaut aber keinesfalls vorher rein. Keinesfalls![36]

Während die anderen sich recht und schlecht gegen die dauernden Anmachen zur Wehr setzen, geht das *Start-up*-Unternehmen tatsächlich langsam, aber sicher den Bach runter. Alex verliebt sich parallel dazu in die neue Projektleiterin, die mit ihrer Arbeit den Laden retten soll. Ob er sie am Ende bekommt und ob die Firma gerettet wird, ist für uns jetzt gar nicht so interessant (das Buch ist kurzweilig genug, um es selbst zu lesen!). Interessant ist dagegen, wie der Autor seinen Roman konstruiert:

▪ Er zeichnet sich eine gerade Erzähllinie für die Hauptfigur Alex. Parallel dazu gibt es sechzehn weitere Linien, für jede andere Mailfigur eine.

▪ Von oben nach unten werden dazu Linien gezogen, mit denen die Phasen des allmählichen Niedergangs der Firma markiert werden.

▪ Dann werden zuerst die Mails von Alex mit Punkten eingezeichnet, um sie mit den jeweiligen Punkten zu verbinden, die für Mails der anderen Figuren auf den anderen Linien eingetragen werden.

▪ Für die einzelnen Phasen werden bestimmte Schwerpunkte gesetzt: Alex kommuniziert zu Beginn mehr mit den Figuren B, C, D, in der nächsten Phase mit D, E, F, dann mit B, E, H und so weiter. Damit werden Konfliktzonen oder Kommunikationscluster markiert.

Im großen Durcheinander des Romans wird Übersichtlichkeit durch die Schwerpunktsetzung, durch die Konzentration auf Themen und Personen hergestellt. Kossdorff reduziert die kom-

---
[36] Kossdorff: Spam!, S. 17 f.

plexe Anlage aber noch mit einem anderen Erzähltrick: Zwar ist der große Bogen für den gesamten Roman wichtig. Doch werden die eigentlichen Effekte über die direkte Kombination von Mails erzielt. Gerade weil Alex so zynisch, böse und hinterhältig ist und da jeder versuchen muss, mit ihm mitzuhalten, ist jeder einzelne kleine Mailwechsel ausgesprochen lustig. Kossdorff setzt auf die direkte Pointe. Die Handlung ist sekundär. Sie läuft in sicherer Spur nach dem Trivialschema des Melodrams. Im Vordergrund stehen die Witze, die sich aus der direkten Kommunikation mit Alex ergeben.

Mit anderen Worten: Kossdorff setzt nicht wie Glattauer in seinem Roman auf die zarte Zuspitzung, bei der über die Mails vorsichtige Annäherungen stattfinden, indem die Mailschreiber sich gegenseitig öffnen und vorsichtig interpretieren. Während Glattauer dadurch einen Fluss des Gebens und Nehmens herstellt, ergibt sich Kossdorffs Erzählfluss durch die Aneinanderreihung und leichte Verwebung von Einzelszenen, die je für sich stark sind. Noch einmal anders: Glattauer erzählt mit weicher und warmer Kombinatorik, Kossdorff erzählt dagegen mit harter und kalter Kombinatorik.

Damit findet er nicht nur ein gutes Prinzip, mit dem er knapp zwanzig Mailschreiber integrieren kann. Er findet zugleich eines, mit dem er das Funktionieren des kollektiven Kommunizierens in einem sozialen Netzwerk auf den Punkt bringt. Durch diese Kombinatorik konstituiert sich nämlich keine Zweierbeziehung wie bei Glattauer, sondern eine ganze Firma, ein kleines Soziotop. Das lebt davon, dass alle Teilnehmer dauernd Beiträge einspeisen, die sich aufeinander beziehen und zugleich Anschlusskommunikation fordern.

Kossdorff gelingt damit ein echter Kunstgriff. In seiner linearen Erzählung macht er ein Netzwerk sichtbar, ein Gewebe, in dem alles chaotisch scheint, das aber doch seine besondere Ordnung hat. Und wie Glattauer mit seinem Roman vorführt, wie (und auf welch labile Weise) sich in Zeiten der E-Mail-Kommunikation die Liebe konstruieren lässt, so führt Kossdorff vor, wie (und auf welch labile Weise) in der Netzkultur die Gesellschaft gewoben wird.

Schreibaufgabe

■ Die Aufgabe ist, mit realen Internet-Usern ein Blackboxspiel wie in Glattauers Roman zu spielen und damit eine Roman-Erzählung in Gang zu setzen, die man zusammen mit anderen schreibt.

■ Zunächst meldet man sich in einem etablierten Forum im Internet an, in dem man fremde Menschen online kennenlernen kann. Ist man angemeldet und hat sich selbst ein »Profil« gegeben, geht es los. Mit dem ersten Wort, das man sendet, beginnt der Roman! Von jetzt an verschiebt man alle Briefe, die hin- und hergeschickt werden, in einen gesonderten E-Mail-Ordner oder kopiert sie in ein E-Mail-Dokument.

■ Man sollte es darauf anlegen, die Entwicklung des Romans zu lenken. Dazu sollte man einerseits Themen setzen, Motive platzieren, den Fortgang der Handlung (das gegenseitige Schreiben) rhythmisieren. Es gilt aber andererseits, sich dem Flow der Erzählung zu überlassen, der sich dadurch ergibt, dass das Gegenüber mitschreibt. Erst aus diesem Zusammenspiel entsteht die Geschichte, die weder diesseits noch jenseits vom Computer liegt, sondern sich im Computer als Blackbox entwickelt.

TEXTPROJEKTE UND SCHREIBAUFGABEN III

■ Ein solcher Roman lässt sich auch gleich mit mehreren Personen schreiben: Man legt es darauf an, gleich mehrere Personen kennenzulernen und sie gemeinsam in das Romanspiel hineinzuziehen, indem sie alle in die gleiche Handlung integriert, vielleicht sogar untereinander bekannt gemacht werden.

Textprojekte und Schreibaufgaben III: Radikalisierungen

10. Blogs schreiben

Die Erzählprojekte, die wir in den letzten Kapiteln vorgestellt haben, beschäftigen sich zwar mit den Möglichkeiten und Bedingungen des Schreibens unter Strom. Aber sie halten sich doch noch an die Verkehrsregeln, die in der Gutenberg-Galaxis gelten. Sie träumen vom Buch. Sie leben von der Idee, die Bewegungen im Netz auf Papier abzubilden. Das Ergebnis: Man hat zwar gute Texte, an denen man lernen kann, wie sich das Schreiben unter Strom als ästhetische Praxis mit Werkcharakter verstehen lässt. Aber es ist dann doch wie ein Schwimmen im Trockenen.

Beim Twittern liegt die Sache schon anders. Im Netz zu schreiben heißt, vom ersten Moment an unter ganz anderen Bedingungen zu schreiben. Wenn Else Buschheuer (wie wir im vierten Kapitel schon gesehen haben) in ihr Handy tippt –

ozeane ausgesoffen. waldbrände gelöscht. romane geschrieben. und es ist erst 20 uhr. 9:00 PM Apr 5th

– dann lesen das alle, die ihre *Tweets* abonniert haben, schon Sekunden später. Das sind im Fall von Buschheuer derzeit knapp 10 400 Personen.

Das Instantanpublizieren via Twitter wird auch »Mikroblogging« genannt, weil es dem Prinzip nach nur die Kurz- und Kleinform von etwas ist, das sich Jahre vor dem Twitterdienst etabliert hat: der Weblog, kurz Blog. Der Name hat sich bekanntlich durch eine Verschmelzung von »Web« für »Netz« und »log« für »Logbuch« ergeben. 1997 gab es die ersten Blogs. 2005 wurden 20 Millionen gezählt. Für die Gegenwart gibt es Schätzungen, die von 200 Millionen ausgehen. Fast jeder zehnte Internetnutzer »hat einen«, »macht einen«, »schreibt einen«. Mit anderen Worten: <u>Bloggen ist *die* Schreibweise der Gegenwart.</u>

Wer einen Blog macht, macht also nichts Besonderes, sondern macht mit. Auch dann, wenn man sagt, dass man es anders als alle anderen machen will. Denn: Anders als alle anderen machen es alle anderen auch! Das ist das Prinzip der Blogosphäre. Hier treten Autoren als emphatische Individualitäten auf, um sich offensiv voneinander zu unterscheiden.

Wer bloggt, ist damit Teil einer Hyperinflation der sogenannten Ichsender, die das Zeitalter der Massenmedien hinter sich lassen. Sie ersetzen die große Zentralöffentlichkeit, die einst vom Radio, vom Fernsehen und der Zeitung hergestellt worden ist, durch lauter Splitteröffentlichkeiten, die keineswegs stabil sind, sondern sich dauernd verändern.

Wer Teil davon wird, sollte sich über diese epochale Veränderung im Klaren sein – und sollte deshalb alles vergessen, was noch über das alte Schreiben und über Autorschaft im Kopf herumspukt. Einen Blog zu machen heißt: sich die Buchkultur abzugewöhnen. Und zwar auf entspannte Weise. <u>Verspannt oder verkrampft man beim Bloggen, ist das ein sicheres Zeichen dafür, dass man immer noch viel zu sehr an die alte Verlags- und Feuilletonkultur denkt.</u> Deshalb ist der wichtigste Hinweis für angehende Blogger: Locker bleiben!

In Blogsoftware kann man online auf einfache Weise Texte in Kästchen schreiben und per Klick ins Netz stellen. Versehen sind diese Einträge mit Datum und Uhrzeit. So kann man bis auf die Sekunde genau bestimmen, seit wann der Text online steht.

Auf dem Bildschirm ist dabei immer der aktuellste Eintrag ganz oben zu sehen. Weiter unten folgen, chronologisch abwärts geordnet, die früheren Einträge. Dazu gibt es meist ein nach Monaten geordnetes Archiv, in dem alles abrufbar gehalten wird, was man zuvor geschrieben hat.

In den Blogeinträgen können auch Bilder und Filme abgelegt oder verlinkt werden. Schließlich gibt es die Kommentarfunktion, die es Lesern ermöglicht, die Einträge zu ergänzen. Man muss nur etwas ins Kommentarfeld tippen und klicken, um es für alle anderen Leser des Blogs sichtbar zu machen.

Das Instantanpublizieren erzeugt eine ganz neue Dynamik. »Ein Blog bedeutet nicht so sehr Schreiben von Tag zu Tag, sondern Schreiben von Stunde zu Stunde«,[37] sagt Andrew Sullivan, der seinen Blog »The Daily Dish« seit 2000 betreibt und zu einem der Stars der Szene geworden ist.[38] Er gehört zur Gruppe der Kulturjournalisten, die vor allem das Tagesgeschäft der nationalen und internationalen Politik aus der Perspektive der Netzkultur beobachten. Was immer auch passiert: Sullivan greift es sich als Puzzlestück heraus, reichert es mit Material aus dem Internet an und leitet es zur Bearbeitung an die Leser weiter.

So sieht Sullivans täglicher Abwasch am 7. April 2011 aus:
- Um 7.22 Uhr schreibt er einen Eintrag zum Krieg in Libyen. Um 7.54 Uhr folgt eine Glosse über Leserzuschriften zum Thema Steuern.
- Um 8.26 Uhr zitiert und kommentiert Sullivan den Artikel einer anderen Website über den Krieg in Libyen.
- Um 8.50 Uhr zeigt er eine Reihe von Fotos, die aus den Fenstern von Flugzeugen gemacht worden sind.

---

[37] Andrew Sullivan: Warum ich blogge, S. 104.
[38] http://andrewsullivan.thedailybeast.com/.

- Um 9.08 Uhr verlinkt Sullivan auf einen Artikel zur amerikanischen Klimapolitik.
- Um 9.32 Uhr gibt es einen Link zu einem Artikel über Steuern.
- Um 9.50 Uhr setzt Sullivan in seinen Blog eine Grafik zum Thema »What will happen if gay marriage is legalized?«.
- Um 10.04 Uhr erscheint ein kleiner Artikel über die Möglichkeit, den Blog als App für das Handy anzubieten.

Eine Viertelstunde später erscheint ein Artikel zum Thema Steuern mit neuen Links.

- Um 10.47 Uhr setzt Sullivan einen Link zu einem Artikel über kreatives Fernsehen.
- Um 10.52 Uhr folgt eine Sammlung von Stilblüten aus der New York Times ...
- ...dann folgen am selben Tag noch 39 weitere Einträge unter anderem mit Verlinkungen zu Videos von einem Polizeieinsatz in Bahrain, von einem Klavier spielenden Hund, von einem Ausschnitt aus Tarantinos »Kill Bill« und einem Video zum Thema »Suicides on Screen«.

Keiner der Einträge kommt ohne Verknüpfung zu anderen Seiten aus. Kein Eintrag bleibt ohne Kommentar von Sullivan. Das Prinzip, nach dem er verfährt, ist das der Umverteilung. Er ist Beobachter, Sammler und Kombinator. Er durchforstet das Netz nach Artikeln, Bildern und Filmen, annotiert und kommentiert die Fundstücke und sendet sie über seine Seite weiter. Sullivans Blog wird damit zu einer Art Relais, zu einer Schaltstelle, über die im Viertelstundentakt Material zusammengestellt, angereichert und weitergegeben wird.

Dass man dabei ganz anders schreiben muss als in der Buchkultur, ist Sullivan völlig klar:

Bei diesem Maß an Aktualität wird die Vorläufigkeit eines Wortes umso bedrängender und das Fehlerrisiko oder die Erregung des Vorauswissens umso größer. Kein Leitartikler oder Reporter oder Romanautor wird seine geringsten Ausflüchte oder seine ständigen kleinen Widersprüche so mitleidlos bloßgestellt finden, wie das bei den Bloggern geschieht. Ein Leitartikler kann seinem Thema weniger auffällig ausweichen als ein Blogger, der mehrmals am Tag seine Gedanken zu Pixeln bringt. Ein Reporter kann warten – muss warten –, bis alle Informanten die Ergebnisse seiner Recherche bestätigt haben. Ein Romanautor kann Monate oder Jahre verbringen, bevor er der Welt seine Wörter vorlegt. Für Blogger ist immer heute der Abgabetermin. Bloggen verhält sich deshalb zum Schreiben wie Extremsportarten zu Leichtathletik: mehr Freistil, unfallgefährdeter, weniger regelgebunden, lebendiger. Bloggen bedeutet in vielerlei Hinsicht, laut herauszuschreiben.[39]

Mehr Freistil, unfallgefährdeter, weniger regelgebunden, lebendiger. Damit hat Sullivan die wichtigsten Anweisungen für Blogger in eine Formel gepackt:

■ Mit *mehr Freistil* schreiben heißt: Der Blog ist das Experimentiermedium, in dem man verschiedene Arten des Schreibens ausprobieren kann. Hier kann man kürzeste, kurze, längere und lange Texte einstellen. Ernste und witzige Beiträge. Reflexe und Reflexionen. Texte, Bilder und Filme. Eigenes und Gefundenes. Kommentiertes und Unkommentiertes. Warum? Weil der Blog nicht das Medium ist, für das man lange überlegt. Hier wird unmittelbar aufgeschrieben und gesendet, was einem ein-, auf- und zufällt.

■ *Unfallgefährdet* schreiben heißt: Es kann gut sein, dass hin und wieder ein Beitrag missglückt, weil man nicht aufpasst. Zu

---

[39] Sullivan: Warum ich blogge, S. 104.

schnell, zu unkontrolliert, zu übertrieben, zu kryptisch, zu reißerisch, zu platt ... all das kann passieren. Und dann passiert es nicht – wie etwa beim Tagebuch oder Notizblock – im Schutz des Privaten! Als Blogger darf man kein Kontrollfreak sein, der immer schon vorher planen will, was mit dem eigenen Text passieren wird.

▪ *Weniger regelgebunden* heißt: Man sollte mit Absicht keinem Programm folgen, das bindet. Weder sollte es starke eigene Regeln geben, noch sollte man den starken Vorgaben von anderen folgen. Die verhindern nämlich, dass man andere und vor allem auch sich selbst überraschen kann. Reproduziert wird mit starken Regeln nur das, was ohnehin schon bekannt ist. Das mag im Hinblick auf das Bekannte hilfreich sein. Es blockiert aber die Möglichkeit, Neues zu sehen, sich auf das Neue einzustellen und mit dem Neuen etwas Neues zu probieren.

▪ *Lebendiger* schreiben heißt dementsprechend, den eigenen Impulsen zu folgen, statt sich zu bremsen. Das Prinzip lautet: Die Energie, die man aus Fundstücken zieht, soll über den Blog als Relais an andere weitergegeben werden. Das Lebendige von Sullivans Blog erweist sich dementsprechend daran, dass seine Einträge belebend auf andere wirken, die wiederum Kommentare schreiben, von denen Sullivans Arbeit belebt wirkt.

So ändert sich das Selbstverständnis des Autors grundlegend. Deshalb versteht sich der Blogger als »Gastgeber bei einer Einladung zum Abendessen. Er kann eine Diskussion anregen oder einen Standpunkt vertreten, engagiert sogar, aber muss zugleich eine Atmosphäre schaffen, in der sich auch andere beteiligen möchten«.[40] Was dabei herauskommt, ist weit von der Gutenberg-Galaxis entfernt. Soll man es als Werk verstehen? Als literarischen oder journalistischen Text? Als Essay? Als Kolumne vielleicht?

---

[40] Sullivan: Warum ich blogge, S. 109.

Es hat etwas von allem und ist doch nichts von alledem. Es ist, schreibt Sullivan, »im Bestfall eine Konversation statt einer Produktion«.[41] Es ist das Schreiben im Netz, das sich als das Knüpfen eines Netzwerks versteht – und zugleich als die Energie, die das Netzwerk in Bewegung hält. Bloggen ist immer echtes Schreiben unter Strom. Trockenschwimmen war gestern!

Schreibaufgabe

■ Die Aufgabe ist, sich einen Blog einzurichten und so zu schreiben, dass man dabei die Rolle eines Online-Discjockeys spielt. Denn »zuweilen kommt sich ein Blogger ja nicht so sehr wie ein Autor vor«, schreibt Sullivan, »sondern wie ein Online-Discjockey, der Hörproben von Liedern mischt und durch Bastard-Pop neue Melodien schafft, während er daneben auch seine eigene Musik macht. Er ist sowohl Künstler wie Produzent, und die Musik hört niemals auf.«[42]

■ Man richtet sich zunächst einen Blog ein. Es gibt eine ganze Reihe von Seiten, über die man das innerhalb von zehn Minuten umsonst tun kann, z. B. blogger.de, blog.de oder wordpress-deutschland.org.

■ Man legt sich vorweg eine erste kleine Sammlung von »Hörproben von Liedern« an, wie Sullivan es nennt. Das sind Fundstücke aus dem Netz, aber auch aus dem eigenen Notizbuch: Texte, Zitate, interessante Seiten, Fotos, Videos, Songs…

---

[41] Sullivan: Warum ich blogge, S. 108.
[42] Sullivan: Warum ich blogge, S. 113.

TEXTPROJEKTE UND SCHREIBAUFGABEN III

Von allem sollte etwas dabei sein, wenn man daraus einen sullivanschen »Bastard-Pop« mixen will.

■ Zum Einstieg sollte man zehn solcher »Hörproben« sammeln, die auf eine bestimmte Weise zueinanderpassen – etwa weil sie sich alle mit der Farbe Grün beschäftigen, weil alle irgendetwas mit dem U-Bahn-Fahren, mit neuesten Entwicklungen im Literaturbetrieb oder mit ganz neuen Erzählformen zu tun haben.

■ Dann gilt es, diese zehn Fundstücke auf Karteikarten oder in einem Word-Dokument kurz zu skizzieren (ganz grob in Bild und Text, eventuell mit Link-Adressen) und in eine Reihenfolge zu bringen, in der sie später gepostet werden sollen. Dabei muss man ein bisschen puzzeln, um immer wieder neue Kombinationen herzustellen und zu schauen, welche Reihenfolge welchen Effekt ergibt.

■ Hat man das getan, notiert man zu jedem einzelnen Fundstück einen kurzen Kommentartext. Mit diesen Texten wird nicht nur die Erzähllinie zwischen den einzelnen Einträgen festgelegt. Mit ihnen bildet sich auch der eigentliche Tonfall des Blogs heraus.

■ Am Ende postet man diese zehn Fundstücke zusammen mit den eigenen Anmerkungen in der festgelegten Reihenfolge ins Netz.

■ Die Frage, die man sich dann stellen sollte, lautet: Wie heißt der Song, der durch diesen Mix entstanden ist? Und was für Fundstücke braucht man noch, um den Mix gut fortzusetzen – auch mit gleitenden Übergängen zu anderen Themen. Das heißt dann: weitersuchen, archivieren, kommentieren, absenden.

11. Der Blogger als Selbsterzähler

Als das World Wide Web noch neu war, meinten viele Autoren, dass sie eine eigene Homepage haben müssten. Da wollten sie sich wie in einer Art Verlagskatalog präsentieren: mit einer ausführlichen Bio- und Bibliografie, mit Textauszügen, mit Rezensionen aus den Feuilletons, mit Fotos, mit aktuellen Leseterminen und am besten auch mit neuen, ganz aktuellen Texten.

Autoren, die sich so etwas eingerichtet haben, klagen gern, wie viel Arbeit das mache. Denn man muss nicht nur die Seite immer wieder mit neuen Inhalten füllen, der Auftritt muss auch dauernd überarbeitet werden. Die Ästhetik von Homepages verändert sich im rasanten Gleichschritt mit den neuen Möglichkeiten von Hardware und Software. Wer eine Homepage hat, die vor zwei oder drei Jahren entworfen worden ist, macht den Eindruck, zum alten Eisen zu gehören.

Eine eigene Autorenseite im Netz ist ein großes *Work in Progress*, an dem man wie an einem literarischen Werk arbeiten muss – und da geht es bekanntlich nicht nur um den Inhalt, sondern auch um die Form. Hier muss man beweisen, dass man nicht nur schreiben, sondern alles auch immer wieder neu programmieren kann. Wer das nicht kann oder nicht will, sollte deshalb besser die Finger davon lassen.

Ohnehin redet mittlerweile kaum noch jemand von aufwendigen Homepages. Alle reden von der genialen Schlichtheit der Blogs. Blogs verhalten sich zu Homepages wie kleine Schnellboote zu Supertankern. Für Blogs muss man nur seinen Text tippen, bei Bedarf auch Fotos hochladen oder Links legen, dann auf Enter drücken. Mehr braucht man nicht, um sich online zu präsentieren und die Leser auf dem Laufenden zu halten.

Dass der Blog heute im Literaturbetrieb etabliert ist, hängt aber nicht nur mit seiner Einfachheit zusammen. Es liegt auch daran, dass vor allem die großen Zeitungen und Zeitschriften ihre Onlineauftritte mit Journalen anreichern, die von namhaften Autoren geschrieben werden. Manche Zeitungen lassen bis zu zwanzig Leute gleichzeitig bloggen. Kein Wunder, denn das tägliche Schreiben von kleinen Texten mit hohem Aktualitätswert gehört zum Kerngeschäft des Journalismus. Und wenn man Literaten Blogs schreiben lässt, kann man dieses Kerngeschäft auf individuelle, lebendige Weise beobachten, erweitern und verfremden lassen. Nicht zuletzt zählt hier der Promi-Faktor. Berühmte Blogger geben der Netzseite ein Gesicht.

Einer, der das perfektioniert hat und deshalb immer wieder von Onlineredakteuren angefragt wird, ist Sven Regener. Er ist der Sänger der Band »Element of Crime« und Autor einer gefeierten Roman-Trilogie, in der die Lebensgeschichten seines Helden »Herr Lehmann« erzählt werden. So erfolgreich sind diese Romane, dass Regeners Onlineaktivitäten hin und wieder mit dem Slogan »›Herr Lehmann‹ bloggt« angekündigt wird.[43]

Sowohl in seinen Romanen als auch in seinen Song-Texten (verstärkt durch seine musikalischen Arrangements) entwirft Regener Figuren, die mit großer Ehrgeizlosigkeit durch das Leben schlendern und die Dinge lieber auf sich zukommen und an sich vorbeiziehen lassen. Man könnte denken, sie seien extrem lässig, ohne ihre Lässigkeit auszustellen. Tatsächlich aber pflegen sie eher so etwas wie eine lakonische Indifferenz, mit der Regener seine Helden auch dann noch reagieren lässt, wenn das Leben tragisch wird.

Sven Regener gehört zu den Kraftpaketen der deutschen Literatur- und Musikszene. Für Onlineforen ist er deshalb besonders attraktiv. In den letzten Jahren war er auf den Seiten von berlin.de, »Zeit«, »Spiegel«, »standard«, laut.de und »taz« zu lesen.

Im Mittelpunkt seiner Blogs steht scheinbar Regener selbst,

---

[43] Regener: Meine Jahre mit Hamburg-Heiner, S. 127.

manchmal kurz »Sven« genannt. Er berichtet vom Release der *Element-of-Crime*-Platten, bloggt von Tourneen mit der Band und schreibt über seine Lesereisen. Hauptthema ist das Unterwegssein als Musik- und Literaturstar.

Seine Einträge lassen vom selbstverliebten Starkult aber nichts spüren. Wüsste man nicht, dass es Regener ist, der hier schreibt, könnte man denken: Hier schlurft einer durch ein Alltagsleben, das keine großen Aufregungen kennt. Selbst wenn man sich aufregen müsste, wird hier genau mit der Strategie reagiert, mit der auch Regeners Helden ihrem Alltag begegnen: mit lakonischer Indifferenz. Alles ist halb so wild. Es gibt keinen Grund, sich aus der Ruhe bringen zu lassen. Lieber macht man sich über alles auf gemäßigte Weise lustig. Vor einem Auftritt auf der Buchmesse bloggt Regener:

Warte mit arte

12.32, Halle 3.0
Eine halbe Stunde zu früh am Stand der Frankfurter Rundschau, schlimm. Und das arte-Team ist da und filmt alles bis ins Nasenloch hinein. Sie nennen es »Ma Vie«, ich nenne es: »Ma trou de nez«. Wenn man in Berlin im Prenzlauer Berg oder in Mitte in einem Café den Computer aufklappt, ist man ja sofort unsichtbar. Auf diesen Effekt hatte ich jetzt eigentlich auch gehofft, ich dachte, ich setze mich, bis ich dran bin, noch eben in deren Frankfurter-Rundschau-Kabuff und haue diesen Blogeintrag weg, und alle denken, ich bin einer von diesen Mitte-Nerds bzw. denken einfach gar nichts, weil Leute mit aufgeklappten Computern ein Problem anderer Leute sind und daher unsichtbar, aber das funktioniert natürlich nicht, wenn so einer von einem arte-Team gefilmt wird, dann denken die Leute, hier ist mal das richtige Leben, hier schreibt mal ein Schriftsteller live eins von diesen Büchern, die von seinem Leben handeln, das darin besteht, an

FR-Ständen wartend herumzulungern und diesen Umstand 1:1 in sein Laptop zu tippen. »*Und so ist das!*« *(Alke Warmers)*[44]

An diesem Eintrag wird deutlich, wie Regener die eigene Ehrgeizlosigkeit beim Bloggen ausstellt. Der Text scheint tatsächlich »einfach so hingehauen«. Dabei hätte er doch die Situation auf der Buchmesse nutzen können, um die Inszenierung als Kultstar zu unterstützen. Doch lässt er aus den Inszenierungsversuchen die Luft raus: nicht nur im Inhalt, auch in der schludrigen, einfach so »hingehauenen« Form.

Das tut er aber nicht, um die Leser mit schlechten Texten zu langweilen. Er macht das, um sich mit ihnen bloggend über das Bloggen zu amüsieren. So wie in diesem Eintrag auch:

Mittwoch, 14. 12. 2005
Mehr Zug

Muß in diesen Blog mehr Zug reinbringen. Irgendwie zackiger muß das werden. Vielleicht so:
Döner gegessen, scharfe Soße, Salat mit alles. Badewanne. Später Sponge Bob. Dazwischen: Geht keinen was an.
Stark!
Im Adventskalender: Eine BVG-Uniform für Barbiepuppen.[45]

Die Fotografien, die Regener zu Einträgen dieser Art zuweilen postet, leben von derselben Ästhetik. Auch hier fehlt jegliche Ambition. Es sind bloße Schnappschüsse. Regener hat sie mit dem Handy oder einer Digitalkamera gemacht. Sie sind unscharf, verwackelt, mit schlecht gewähltem Ausschnitt. Normalerweise

---

[44] Regener: Meine Jahre mit Hamburg-Heiner, S. 138.
[45] Regener: Meine Jahre mit Hamburg-Heiner, S. 63.

würde man solche Bilder aussortieren, weil sie nicht gelungen sind. Hier aber werden sie der Öffentlichkeit präsentiert. Denn das ist die Botschaft: Hier gibt sich der Blogger weder beim Schreiben noch beim Fotografieren große Mühe. Alles läuft nebenher mit und wird ohne große Anstrengung nebenbei erledigt.

Aber nur scheinbar! Tatsächlich ist alles viel komplexer. Denn Regener hat sich für seine Blogs eine Figur erfunden, mit der er diese Ästhetik der Ehrgeizlosigkeit konterkariert. Die Figur heißt Hamburg-Heiner, in den Blogs auch kurz HH genannt. Regener protokolliert die Telefonate, die er als Sven mit Hamburg-Heiner führt. HH ruft ihn nämlich immer mal wieder an, um an den Blog-Einträgen herumzunörgeln:

Hamburg-Heiner rief mich an wegen des gestrigen Blog-Eintrags und beschwerte sich, daß da nicht genug Sex und Drugs und Rock'n'Roll drin wären.
Sven: Wieso das denn nicht?
HH: Was fragst du mich? Du hast das doch geschrieben!
Sven: Ja, aber da ist doch alles voll von Sex und Drugs und Rock'n'Roll.
HH: Echt? Wo denn?
Sven: Naja, Sex jedenfalls. Sex kommt vor.
HH: Echt? Wo denn?
Sven: Naja, der Kudamm wenigstens.
HH: Was hat denn der Kudamm damit zu tun?
Sven: Nun komm schon, der Kudamm ist doch praktisch die Reeperbahn von Berlin.
HH: Ha!
Sven: Wenigstens ein bißchen.
HH: Das ist ja wohl das Dämlichste, was ich je gehört habe.[46]

---
[46] Regener: Meine Jahre mit Hamburg-Heiner, S. 9 f.

Mit diesen Gesprächen wird Heiner zur treibenden Kraft. Er nötigt den Blogger Sven, darüber nachzudenken, was es eigentlich heißt, einen guten Blog zu machen. Und er fordert ihn immer wieder auf, sich anzustrengen, um dem Lesepublikum zu gefallen.

HH: [...] Hast du mal die Kommentare zu vorgestern gelesen?
Sven: Nein, habe ich nicht. Mache ich nie.
HH: Solltest du aber, du arrogante Pfeife.[47]

Heiner wird damit als Gegenfigur eingeführt, die genau den Ehrgeiz fordert, den Sven vermissen lässt. So streiten sich die beiden im Blog immer wieder über die Grundbedingungen der Netzkultur. Das tun sie allerdings in ganz undramatischen Dialogen. Hamburg-Heiner und Sven sind Meister des lakonischen Statements. Auch wenn es ernst wird, lassen sie sich nicht aus der Ruhe bringen.
Wer nun nicht nur Regeners Blog, sondern auch seine Romane kennt, der kennt auch Gespräche dieser Art. Die Dialoge könnten nämlich so auch in »Herr Lehmann« stehen. Das aber heißt: Sven und Heiner sind Figuren, die in das Arsenal gehören, aus dem sich Sven Regener sonst beim Erzählen bedient. Regeners Blogs sind also eine Fortsetzung der Romane mit anderen Mitteln in anderen Medien mit anderen Figuren. Und umgekehrt sind die Romane Fortsetzungen der Blogprojekte. Beides gehört in *einen* Produktionszusammenhang, in dem die Schwellen zwischen den unterschiedlichen Medien zwar nicht aufgelöst, aber doch weitgehend so verschliffen sind, dass sie den Austausch von Energien möglich machen.

Dass Regeners Onlinejournale hin und wieder mit »Herr Lehmann bloggt« angekündigt werden, ist deshalb gar nicht so

---

[47] Regener: Meine Jahre mit Hamburg-Heiner, S. 66.

falsch. Denn der Autor führt mit »Sven« eben einen Erzähler ein, den man nicht einfach mit dem Autor gleichsetzen darf, und man darf auch keineswegs glauben, dass die auftretenden Personen tatsächlich existieren.

So schafft sich Regener mit seinem Blog einen Zwischenraum, in dem das wirkliche Leben vom erfundenen nicht so leicht zu unterscheiden ist und auch nicht mehr unterschieden werden soll. Der Blog wird zu einer Erzählung, die mit Absicht auf der Grenze zwischen Leben und Literatur platziert ist.

HH: Du solltest wenigstens die Kommentare lesen.
Sven: Das kann ich nicht, die nehmen das am Ende alles noch ernst, und was dann?
HH: Wieso sollten die das ernst nehmen?
Sven: Keine Ahnung. Manche von denen glauben vielleicht sogar, dass es dich wirklich gibt, tu dir das mal rein.
HH: Nein?!
Sven: Doch. Die Trennungslinie zwischen Literatur und richtigem Leben ist ja mittlerweile mehr so mit weichem Bleistift gezogen.
HH: Aber bei mir doch nicht!
Sven: Nein, bei mir ist das dicker, wasserfester Edding. Aber das glaubt einem ja keiner.
HH. Schlimm.
Sven: Kann man wohl sagen.
(längeres Schweigen. Dann:)
HH: Und was läuft sonst so?[48]

Die Blogs von Sven Regener sind aus mehreren Gründen für alle interessant, die mit dem Schreiben unter Strom experimentieren:
■ »Hamburg-Heiner« erinnert uns daran, dass auch die Perso-

---

[48] Regener: Meine Jahre mit Hamburg-Heiner, S. 136 f.

nen, von denen in Blogeinträgen die Rede ist, nicht immer echte Personen sein müssen. Sie können auch halb echt oder komplett erfunden sein und damit die erzählte Welt im Blog zu einer Zwischenwelt machen, in der sich die Frage von echt und unecht nicht mehr beantworten lässt und die deshalb auch nicht mehr gestellt, sondern produktiv gewendet werden sollte.

▪ Damit erinnert uns der Autor Sven Regener daran, dass der Blog ein Spielraum für literarische Experimente ist, über die sich nicht zuletzt erforschen lässt, was ein Blog ist oder sein kann.

▪ Und so werden wir durch all das daran erinnert, dass Blogs gute Erzähler brauchen. Für die Leser funktionieren sie jedenfalls nur dann, wenn sie von guten Erzählern gute Erzählungen bekommen.

Schreibaufgabe

▪ Die Aufgabe ist, für die zehn Fundstücke, die in der Schreibaufgabe zum 10. Kapitel in eine Erzähllinie zu bringen waren, die Erzähler zu variieren. Zwar sollen es durchweg Icherzähler sein. Doch jedes Ich soll die gleichen Einträge in andere Erzählungen einbinden.

▪ So kann man als Icherzähler probehalber den *Angry Young Man* oder die *Angry Young Woman* einsetzen, der seinen / die ihren Blog als Teil eines Lebens versteht, in dem man seiner Wut und Verachtung gegenüber der Mainstreamkultur Ausdruck verleiht.

▪ Oder man wählt den feinnervigen Intellektuellen, der es sich zur Aufgabe gemacht hat, die Netzkultur anhand ausgewählter Artefakte mit seinen präzise formulierten und geistreich pointierten Beiträgen kritisch zu durchleuchten.

Oder aber man wählt als Erzähler für seinen Blog ein Enkelkind. Es berichtet, worauf es von der (frei erfundenen) achtzigjährigen Großmutter, die gerade einen Netzanschluss für ihren Computer bekommen hat, per Mail mit großem Unverständnis hingewiesen wird. Alle Beiträge folgen dem polemischen Muster: »Wie soll ich *das* bloß meiner Großmutter erklären?«

■ Wer bereits einige Erfahrungen mit dem Onlineschreiben gesammelt hat, kann damit experimentieren, mehrere solcher Blogs parallel zu führen und dabei immer dieselben Einträge, nur aus anderer Erzählperspektive, zu senden. Das schützt davor, den Blog als Medium misszuverstehen, in dem man auf authentische Weise über das Auskunft gibt, was gerade passiert. Der Blog wäre stattdessen der Ort für ein multiperspektivisches Kombinationsspiel, mit dem man auf interessante Weise zeigen könnte, dass sich alles, was passiert, immer auch auf andere Weise beobachten und kommentieren lässt.

12. Schreiben in Facebook

Wer mit dem Schreiben unter Strom experimentieren will, kommt nicht umhin, sich zumindest für einige Zeit einen Facebook-Account zuzulegen. Denn wenn das Bloggen zu *der* Schreibweise der Gegenwart geworden ist, dann ist das Schreiben und Lesen bei Facebook *die* Kommunikationsform, von der die Netzkultur geprägt ist. Das aber kann man erst richtig einschätzen, wenn man dabei ist, statt es nur kritisch von außen zu beobachten.

Dass Facebook so unglaublich erfolgreich ist, liegt *erstens* daran, dass alle Teilnehmer radikal auf die Gegenwart und auf die nächste Zukunft eingestellt werden. »Was machst du gerade?«, lautet die Frage, die jeden Teilnehmer zuallererst begrüßt. Beantwortet wird sie von mittlerweile 260 Millionen Usern. Durch ihre Beiträge, die Statusmeldungen genannt werden, lassen sie einen Sog entstehen, der immer mehr Leute dazu bringt, sich anzuschließen und mitzuschreiben.

Dass Facebook zu *der* Kommunikationsform der Netzkultur geworden ist, liegt *zweitens* daran, dass hier auf lustvolle Weise die Kunst der Selbstinszenierung vorgeführt wird. Alle Teilnehmer spielen das Blackboxspiel (vgl. Kap. 9), bei dem niemals echte oder wirkliche Menschen zu sehen sind. Präsentiert werden immer nur Images, die sich alle Teilnehmer aus einzelnen Aktivitäten zusammenpuzzeln, während sie selbst immer neue Puzzlestücke einspeisen.

Dass Facebook so erfolgreich ist, liegt *drittens* daran, dass hier die wichtigsten Grundprinzipien von Blog und Twitter zusammengeführt werden. Mittlerweile lassen sich die Blogs und Twitter-Accounts sogar derart mit Facebook verknüpfen, dass alles, was man hier schreibt, zugleich auch dort (und umgekehrt) angezeigt wird.

Viertens ist Facebook so erfolgreich, weil hier die interne Kommunikation zwischen allen Teilnehmern, die sich miteinander befreunden, extrem intensiviert wird. Während beim Bloggen und Twittern noch das *Follower*-Prinzip bestimmend ist, durch das Schreibende und Lesende klar voneinander getrennt sind, hat man es bei Facebook mit Netzwerken zu tun, in denen alle immer gleichzeitig in der Rolle von Schreibenden und Lesenden sind.

Um damit – erst einmal anonym – zu experimentieren, kann man sich bei einem der E-Mail-Anbieter wie gmx, yahoo oder web.de einen kostenlosen Account mit einem Fantasienamen anlegen, den man später auf dem Anmeldeformular bei Facebook als Kontaktadresse angibt. Dazu erfindet man sich einen Vornamen und Nachnamen.

Ist man angemeldet, wird man aufgefordert, ein Profilbild hochzuladen. Das kann im langweiligsten Fall ein Bild im Passfotoformat von der eigenen Festplatte sein. Interessanter sind aber Bilder, die offensiv mit dem Prinzip der Selbstinszenierung spielen. Man stellt z. B. ein Foto ein, auf dem man unscharf zu sehen ist, verschwommen oder überscharf in stärkstem Kontrast, in Ausschnitten, in Bewegung, in Verkleidung, oder man wählt ein Bild, auf dem man gar nicht selbst zu sehen ist, sondern ein Gegenstand, ein Textstück, ein Muster, eine monochrome Farbfläche... Dieses Profilbild lässt sich später beliebig auswechseln – wobei man durch ein solches Wechseln die eigene Inszenierung dynamisieren kann.

Wer sein Profil erstellt hat, kann sich der Frage zuwenden, was man gerade macht. Die allermeisten Facebooknutzer schreiben in das dafür frei gehaltene Feld Beiträge etwa der folgenden Art:

Ich frühstücke. Die Cornflakes sind lecker.

Heute haben die U-Bahnen mal wieder gestreikt. Echt ärgerlich. Gestern Abend kam wieder Tatort im Fernsehen, ich fand ihn nicht so spannend wie den letzten. Außerdem wusste man gleich, wer der Mörder war.

Für alle, die mit dem Schreiben unter Strom experimentieren, ist das natürlich zu wenig. Denn es geht darum, die Facebookseite als großen Schreib- und Produktionsraum zu begreifen, in dem man die Vorgaben des Mediums nutzen kann, um eigene Erzählformate zu entwickeln.

Der Kulturwissenschaftler und Kulturjournalist Jan Fischer, mit dem man sich bei Facebook befreunden kann, schreibt zum Beispiel kleine Szenen auf, die er beobachtet, wenn er unterwegs ist:

Jan Fischer
sah den ganzen Tanzkurs vor der Tanzschule stehen, in ihren viel zu neuen Anzügen und den Abiballkleidern, sie sahen zu, wie einer von ihnen in den Krankenwagen verladen wurde, und gegenüber stand der Punk, der eine Ente als Haustier hält, und brüllte etwas über den Platz.

Oder:

Jan Fischer
wachte zu früh auf, schlief nicht wieder ein und beobachtet jetzt die Post nebenan: Oben werden Briefe sortiert, da flitzen Menschen in blauen Hemden durch den Raum. Und unten stehen Frauen in gelb-blauen Jacken, die rauchen und dabei verladen.

Daneben gibt es auf Fischers Seite immer wieder kleine Selbstbeobachtungen und Reflexionen:

Jan Fischer
wird erwachsen. Ist nicht ganz so toll wie gedacht. Füttert jetzt die Katze. Und der Ginkgo in der Küche hat auch wieder Blätter.

Das sind keine einfachen Mitteilungen à la »Ich frühstücke gerade«. Das sind Einträge, wie man sie aus Notizbüchern von Autoren kennt, die sich aus kleinen Einträgen Erzählungen, Romane, Essays oder Reportagen züchten. Tatsächlich erscheinen sie bei Fischer schon so zurechtgeschliffen, dass sie sich als kleine Prosastücke lesen lassen. Auf Fischers Seite erscheinen aber nicht nur solche Texte. Er spielt alle Möglichkeiten durch, die Facebook ihm bietet. Deshalb sendet er auch immer wieder Einträge im Twitterformat:

Jan Fischer
fand im Netto das Angebot: junge, rote stumpfe Möhren ohne Herz.

Jan Fischer
ist abwärtskompatibel

Jan Fischer
hat Pläne

Jan Fischer
kocht sich ein Frankensteinsüppchen aus allerlei Kulturtheorie

Daneben nutzt Fischer die Möglichkeit, Fotos in die einzelnen Statusmeldungen zu integrieren. Das sind bei ihm meist Schnappschüsse von unterwegs, die mit kurzen Kommentaren versehen werden.

Das Prinzip, nach dem er dabei verfährt, wird deutlich, wenn man seinen Einträgen über längere Zeit folgt. Fischer sammelt das Belanglose, Unauffällige, fast Unsichtbare, das aber dadurch, dass er es in den Mittelpunkt seiner Bilder rückt, eine eigene ästhetische Qualität bekommt.

So verwandelt er das Alltägliche in etwas Besonderes. Zugleich signalisiert er aber durch die eigenen Kommentare in der Statusmeldung, dass dieser Akt der Verwandlung von Alltäglichem in Besonderes etwas Übertriebenes hat. Dadurch schweben Fischers Statusmeldungen zwischen Bedeutsamkeit und Bedeutungslosigkeit hin und her, ohne zur Ruhe zu kommen.

Die Bilder, die er dabei einstellt und kommentiert, werden bei Facebook automatisch in ein Fotoalbum mit dem Titel »Pinnwandfotos« eingestellt. Fischer hat sich daneben aber noch separate Alben eingerichtet, in denen er Serien von Fotos ablegt. Die haben jeweils eigene Titel. Sie heißen etwa »Tagesausflug zu Ikea«, »Schreibtischdetails, arty«, »Tristesse brutale – Ihme Zentrum Hannover«, »Die Liebe am Rande der Stadt. Öffentliche Liebeserklärungen« oder »Meine Wand, du Opfer. Provinzplakate«. Mal sind zehn Fotos zu sehen, mal sechzig. Einige Sammlungen werden sukzessive erweitert. Wann immer Fischer etwa neue Plakate an Hauswänden oder ungelenke Graffiti findet, ergänzt er das jeweilige Album. Oder er eröffnet ein neues, sobald er ein neues Thema gefunden hat.

Das Spiel von Bedeutsamkeit und Bedeutungslosigkeit spielt Fischer aber nicht nur mit selbst geschriebenen Texten und selbst gemachten Bildern. Er weitet es auf Fundstücke aus dem Netz aus. Auch die werden von ihm kurz kommentiert und als Statusmeldung weitergesendet. Da heißt es zu einem verlinkten Video, in dem Todesarten in Computerspielen aneinandergeschnitten sind:

Jan Fischer
findet, die klassischen Tode sind immer noch die besten.

Und zum Video des Songs »Bonnie & Clyde«, gesungen von Serge Gainsbourgh und Brigitte Bardot, schreibt er:

Jan Fischer
wird heute weglaufen und zum Massenmörder werden. Romantisch, versteht sich.

SCHREIBEN IN FACEBOOK

Zu einem Link auf die Wikpediaseite, auf der man sich über den Begriff »Transsubstantiation« informieren kann, heißt es:

Jan Fischer
versucht, simulative Schwundstufen als eigenständige Artefakte zu denken, nur mal um zu sehen, wie weit man damit kommt.

Von diesen Statusmeldungen schreibt Fischer manchmal drei pro Tag, manchmal nur eine, dann wieder fünf oder mehr. Das erscheint dann zwar stückchenweise auf Fischers Facebookseite, doch gehört es für ihn und für alle, die seine Statusmeldungen regelmäßig lesen, zu etwas Größerem. Dem Autor geht es, wie er selbst in einem Text formuliert hat, in dem er Auskunft über seine Facebookpoetik gibt, »um eine Erzählung von dem, was ich mir selbst noch hinzufügen möchte«. Was er postet, ist

Ausschuss zwar, aber solcher, von dem ich einerseits glaube, dass Leute ihn sehen wollen, aus welchen Gründen auch immer, von dem ich andererseits aber auch denke, er könnte meinem Publikum etwas über mich erzählen, was sie sonst vielleicht nicht erzählt bekämen. Und von dem ich glaube, er könnte den Leuten etwas über mich erzählen, was ich ihnen gerne erzählen würde, das ist wichtig, glaube ich. Dass sie prinzipiell an dem interessiert sind, was ich zu sagen habe, an mir, vielleicht, setze ich voraus: Sonst wären sie ja nicht meine Freunde geworden.[49]

Damit erinnert Fischer alle, die mit dem Schreiben unter Strom experimentieren, dass man das Anfertigen von Statusmeldungen bei Facebook als eine besondere Form des autobiografischen

---

[49] Jan Fischer: Schrott oder: Die Geschichte geht auf Facebook weiter, S. 30.

Erzählens in Bruchstücken begreifen kann, durch die das Leben nicht rekonstruiert, sondern fortlaufend konstruiert wird.

Deshalb darf man – ebenso wenig wie bei den Blogautoren – den Jan Fischer, der hier auftritt, nicht mit dem »echten« Jan Fischer verwechseln. Er erzählt sich ganz gegenwartsbezogen immer weiter neu. Das aber macht er nicht verdeckt, sondern offen.

Er lässt uns zusehen, wie er bei der Beobachtung des eigenen Lebens zwischen Bedeutsamkeit und Bedeutungslosigkeit schwankt – und dabei eine kurzweilige Bedeutung für sich herstellt. Auf diese Weise gewährt uns seine Facebookseite einen Einblick in die Werkstatt des Sich-selber-Schreibens unter den Bedingungen der Netzkultur.

SCHREIBEN IN FACEBOOK

Schreibaufgabe

■ Jan Fischer führt mit seinen Statusmeldungen vor, wie man bei Facebook eine Autobiografiewerkstatt eröffnen kann, um darin das eigene Leben von Moment zu Moment durch das Einspeisen von Bruchstücken zu konstruieren. Das lässt sich radikalisieren. Denn wenn die Person, deren Leben auf der Facebookseite vorgestellt wird, ohnehin nur konstruiert ist, kann man auch gleich eine Figur erfinden, der man über das Netz ein eigenes Leben verschafft. Genau das ist diesmal die Schreibaufgabe.

■ Man kann eine solche Figur züchten, um sie später in eine andere Erzählung oder einen Roman zu übertragen. Das heißt: Man etabliert eine Figur bei Facebook, um sie fortlaufend Einträge schreiben zu lassen, durch die sie sich immer weiter konturiert und profiliert. Was schreibt sie? Wovon berichtet sie? Was passiert ihr? Was sieht sie? Wo treibt sie sich herum? Was fällt ihr auf? Was interessiert sie im Alltag?

■ Welche Seiten klickt sie im Netz an und kommentiert sie? Welche Videos sieht sie bei YouTube? Was für Bilder findet sie und stellt sie auf die eigene Seite? Wer diese Fragen mit kleinteiligen Statusmeldungen beantwortet, entwickelt nicht nur eine Figur, sondern reichert sie zugleich mit Materialien an, die später für den Text, den man schreiben will, verwendet werden können.

■ Wer eine solche Figur aufbaut, kann aber auch gleich die Facebookseite selbst zu dem Ort machen, an dem erzählt wird. Das heißt dann: Es gilt nicht nur, eine Figur zu entwickeln, sondern auf der eigenen Pinnwand eine Handlung zu etablieren. Jede Statusmeldung ist dann wesentlicher Bestandteil einer größeren Geschichte, die sich dem Leser erst erschließt, wenn er die Einträge in chronologischer Reihenfolge liest und dabei an dem teilnimmt, was der Figur widerfährt. Man sollte sich Notizen zu möglichen Figuren und zu Geschichten machen, die man auf einer Facebookseite erzählen kann. Das lässt sich auch gleich auf einer weiteren Facebookseite machen, die man sich eigens dafür eingerichtet hat und zu der gar keine anderen Leser zugelassen werden.

13. Kommentieren in Facebook

Im letzten Kapitel haben wir die Facebookseite von Jan Fischer so gelesen, als wäre sie das Werk eines einzelnen Autors. Man muss aber nur etwas genauer hinschauen, um zu erkennen, dass das nur die halbe Wahrheit ist. Denn niemand, der bei Facebook schreibt, schreibt allein. Hier hat das Schreiben etwas so grundsätzlich Kommunikatives, dass sich die herkömmlichen Vorstellungen von der Herstellung eines Textes, vielleicht auch die Vorstellungen von einem Text überhaupt erledigen.

Am 6. Oktober schreibt Jan Fischer um 21.51 Uhr als Statusmeldung:
Jan Fischer// takes Suzanne down to the river.

Um 22.40 Uhr schreibt Brigitta Huegel in das darunterstehende Kommentarfeld:
Tea and oranges?

Und Jules Heuser ergänzt um 23.20 Uhr:
You know that she's half crazy?

Worauf schließlich Jan Fischer um 23.26 Uhr ins Kommentarfeld schreibt:
but i can spend the night beside her...

Wohl jeder erkennt, dass es sich hier um Bruchstücke aus Leonard Cohens berühmtem Song »Suzanne« handelt. Wobei Fischer allerdings in seiner Statusmeldung zwei Dreher einbaut. Denn bei Cohen heißt es »Suzanne takes you down to her place to the river«. Fischer setzt sich nun aber selbst an die Stelle des »you«. Auch ist er es, der Suzanne zum Fluss bringt. Das sind zwei Details, mit denen zu Cohens Song kurzerhand eine Gegengeschichte aufgebaut wird.

Diese andere Geschichte wird aber nicht nur von Fischer, sondern auch von den Kommentatoren aus dem Kreis seiner Facebookfreunde geschrieben. Mit der Frage »Tea and oranges?« übernimmt Brigitta Huegel die Rolle der Suzanne (»And she feeds you tea and oranges«, heißt es bei Cohen), und mit Jules Heuser tritt kurz darauf eine dritte Person hinzu, die mit einem weiteren Zitat aus Cohens Song denjenigen warnt, der Suzanne zum Fluss bringt. Jan Fischer wiederum gibt das letzte Wort, indem er mit einem weiteren Verdreher den Wunsch äußert, neben Suzanne die Nacht zu verbringen.

An dieser Abfolge zeigt sich, dass es nicht ausreicht, allein die Statusmeldung zu lesen. Denn der eigentliche Text ergibt sich erst durch den gesamten Thread (wie man die Kommentarlinie nennt). Dieser Thread ist nicht das »Werk« von Jan Fischer. Es ist ein Text, der von einem kleinen Kollektiv geschrieben wird. Aus dem einen Autor werden drei. Und aus der Statusmeldung wird so etwas wie eine kleine lyrische Szene.

Szenen dieser Art, mit denen die einzelnen Statusmeldungen auf literarische Weise erweitert werden, lassen sich Tag für Tag finden. So auch ein Facebookeintrag des Autors Kevin Kuhn. Man kann sich den Thread leicht als kleines Hörstück vorstellen, als kurze Inszenierung auf der Bühne oder als Dialogstück in einem Facebookroman.

Kevin Kuhn// jimothydangle said: "make sure you hit refresh. i was watching a frozen screen for an hour yesterday"
http://www.justin.tv/manibox#r=Tlch2tc~
(25. Februar 2010 um 11:48)

KOMMENTIEREN IN FACEBOOK

Kevin Kuhn// hm komisch? Warum es dafür keine likes gab?...
(26. Februar 2010 um 11:12)

Kevin Kuhn// hallo?
(27. Februar 2010 um 10:51)

Kevin Kuhn// hm, hallo, keiner da??
(01. März 2010 um 10:07)
Kevin Kuhn// I'm f r e ee ez z in g.
(03. März 2010 um 11:13)

Kevin Kuhn// hallo?? Please, just a word!! Plz.
(09. März 2010 um 11:46)

Ken Steinke// Es liegt nicht am Foto, es liegt an dir.
(09. März 2010 um 11:55)

*Kevin Kuhn// puh, finally – eine Stimme aus dem Off!----------
–wie geht es dir?*
(09. März 2010 um 12:08)

*Ken Steinke// Ob Bali oder Facebookbali – Urlaub ist entspannt.
Und jetzt twitter ich in die Bibliothek rüber.*
(09. März 2010 um 12:15)

Kevin Kuhn// hey lass mich doch hier nicht allein!!!!
(09. März 2010 um 12:24)

Wer sich beim Lesen dieses Threads an eine Szene von Samuel Beckett erinnert fühlt, liegt nicht falsch. Es scheint, als würde in diesen Zeilen die ganze Absurdität des Schreibens von Statusmeldungen bei Facebook sichtbar gemacht: Der User sitzt allein in einem leeren Raum und sendet Botschaften, die keiner hören will, bis endlich einer antwortet, der zufällig vorbeischaut, aber dann doch wieder geht. Der User bleibt allein zurück, ruft weiter in den leeren Raum hinein und hofft, dass ihn jemand hört.

Der Witz aber ist: Das ist kein Text, der geplant und ausgearbeitet worden ist. Es ist ein Improvisationstext, bei dem keiner der Teilnehmer weiß, was der andere als Nächstes schreiben wird. Beide stellen sich schreibend aufeinander ein, um gemeinsam einen Text herzustellen, der am Ende tatsächlich gelingt und als eigenständiges, in sich abgeschlossenes Werkstück dasteht. Allerdings gelingt das nicht oft. Es wird viel probiert, und viel geht auch daneben. Deshalb hat man es bei diesem kleinen Beckett-Stück oder der Suzanne-Szene mit ganz besonderen Threads zu tun, anhand derer sich verstehen lässt, was es eigentlich bedeutet, bei Facebook zu schreiben. Denn gezeigt wird hier allen, die mit dem Schreiben unter Strom experimentieren wollen: Statusmeldungen dürfen nicht isoliert gelesen werden. Sie werden erst komplett durch den Kontext, in dem man sie weiterschreibt. Jeder Eintrag ist ein Angebot an andere, sich etwas einfallen zu lassen. Er bietet den möglichen Anfang eines Textes, der beliebig fortgesetzt werden kann.

Mit dem berühmt gewordenen »Gefällt mir«-Button hat Facebook ein Zeichen erfunden, mit dem über die Kommentare hinaus recht genau angezeigt werden kann, ob einzelne Meldungen Wirkung zeigen oder nicht. Mittlerweile gibt es die Möglichkeit, auch einzelne Kommentare mit »Gefällt mir« zu kennzeichnen. Damit wird noch deutlicher herausgestellt, dass es sich hier nicht um »Sekundärtexte« handelt. Wenn sie gut sind, dann sind Kommentare genauso wichtig und inspirierend wie die Statusmeldungen.

Dass das Kommentieren als primäre Tätigkeit zum Schreiben bei Facebook dazugehört, wird deutlich, wenn man sich noch einmal die individuellen Profilseiten anschaut. Dort verzeichnet die Software jede Schreibspur, die man auf den Seiten von Freunden hinterlässt. Auf der Seite von Jan Fischer sieht das zwischen den gelisteten Threads dann zum Beispiel so aus:

NEUESTE AKTIVITÄT
Hat Merlin Schumachers Foto kommentiert: »Gibts da auch nen live-stream?...«
Hat Merlin Schumachers Link kommentiert: »toll. kann man das beantragen? ich...«
Hat Mareike Schneiders Link kommentiert: »ist das das rechts im bild neben...«
Hat Litradio Nets Link kommentiert: »Das Festivalzeitungsteam steht...«

Klickt man nun auf die einzelnen Zeilen, wird die Statusmeldung angezeigt, die man auf einer anderen Seite kommentiert hat. Dadurch verwandelt sich die individuelle Profilseite in einen Knotenpunkt, von dem aus Verknüpfungen mit den Seiten der Freunde hergestellt werden.

So erweist sich eine Facebookseite als Werkstatt, die gar nicht für einen einzigen Autor da ist. Das Freundschaftsnetzwerk, in dem man sich bei Facebook bewegt, ist ein hyperdimensional verschachteltes System einzelner kleiner Werkstätten, die sich zu einer großen verbinden. In diesem System werden Impulse weitergegeben und Ideen generiert, zur freien Verfügung gestellt, weiterbearbeitet und wieder eingespeist. Manches wird aufgenommen, manches bleibt liegen. Was jeweils passiert, entscheidet sich allerdings innerhalb von wenigen Stunden, manchmal Minuten und Sekunden. Denn dann wird jede Mitteilung schon wieder von neuen Mitteilungen der Teilnehmer verschüttet.

Das lässt sich am besten auf der Seite beobachten, die bei Facebook immer wichtiger geworden ist. Galt früher noch die eigene Seite mit dem eigenen Profil als Mittelpunkt aller Aktivitäten, so ist es jetzt die sogenannte Startseite. Auf ihr wird wie in einem Reißverschlusssystem zusammengeführt, was alle Mitglieder eines Freundschaftsnetzwerks jeweils auf ihre Seiten stellen. Was der eine also bei sich als Statusmeldung schreibt, erscheint im selben Moment als Einzelstück auf der Startseite aller anderen Freunde und reiht sich der Chronologie entsprechend in das ein, was auch alle anderen schreiben.

So entsteht der dynamische Kollektivtext, ein Schwarmtext, ein Text literarischer Ameisen, an dem man selbst nur noch als einer unter vielen arbeitet und seinen Beitrag zum Großen und Ganzen leistet, das sich im Stunden-, Minuten-, Sekundentakt erneuert. Autoren schreiben hier nicht mehr an ihrem bleibenden Werk. Stattdessen liefern sie Treibstoff, um die Maschine in Bewegung zu halten – so wie sie ihr lesend und schreibend Treibstoff entnehmen, um eigene Statusmeldungen oder Kommentare zu den Meldungen anderer zu schreiben.

Was aber bedeutet das für alle, die mit dem Schreiben unter Strom experimentieren wollen? Anders als im Blog oder bei Twitter ist man bei Facebook genötigt, sich nicht nur eine Poetik für das Schreiben von eigenen Mitteilungen zu entwickeln. Ein Programm braucht man auch für das Kommentieren! Man muss sich für die Kommentare genauso überlegen, welcher Idee sie folgen, welche Funktion sie haben und welche Effekte sie erzielen sollen. Und das heißt: Wer bei Facebook schreibt, braucht ein poetologisches und ästhetisches Programm für das kommunikative Schreiben, in dem man nicht mehr als isolierter Autor tätig ist, sondern auf radikale Weise zum Teil eines Kollektivs wird, an dem man individuell partizipieren kann, wenn man es durch das Einspeisen eigener Schreibenergien unterstützt.

Also gilt es, sich als Autor wohl oder übel von den Bildern zu verabschieden, die man von der Autorschaft noch aus der Buchkultur mitgebracht hat. Ebenso wie man sich von der alten Idee des Textes verabschieden muss.

Wodurch genau diese Bilder ersetzt werden, lässt sich schwer sagen. Woran man aber in welcher Funktion stattdessen arbeitet, wenn man bei Facebook schreibt, ist noch unklar. Man muss es ausprobieren. Wenn man draußen bleibt, wird man es nicht erfahren. Vor allem wird man verpassen, eigene Ideen einzuspeisen, wenn es darum geht, das Neue probeweise zu definieren. Wer mit dem Schreiben unter Strom experimentieren will, sollte aber gerade darauf nicht verzichten.

TEXTPROJEKTE UND SCHREIBAUFGABEN III

Schreibaufgabe

■ Die Figur, die in der Schreibaufgabe des letzten Kapitels anhand ihrer Einträge auf ihrer Facebookseite zu entwerfen war, soll nun mit anderen Figuren verbunden werden und sich innerhalb des Netzwerks von Facebookfreunden bewegen.

■ Alle Fragen, die man sich am Ende des letzten Kapitels im Hinblick auf diese Figur für das Schreiben von Statusmeldungen gestellt hat, sind nun auf das Kommentieren auszuweiten. Was kommentiert diese Figur auf anderen Seiten? Für welche Statusmeldungen anderer interessiert sie sich? Und warum? Auf welche Art kommentiert sie: ernst, albern, ironisch, brüsk, beleidigend? Schreibt sie dafür kurze Texte oder längere Pamphlete? Legt sie Links zu anderen Seiten im Netz, um die Statusmeldung zu ergänzen oder durch eine neue Kontextualisierung zu ironisieren oder gar subversiv zu unterlaufen? Kurz: Was für ein Kommentator ist die Figur, die man sich entwirft? Wie tritt sie in Gesellschaft auf? Wie beteiligt sie sich an den Gesprächen, die alle miteinander führen? Erst im Austausch und Vergleich mit den anderen Autoren im Netzwerk konturiert und profiliert sich die eigene Figur.

14. Links ins wirkliche Leben

Mit den Aktivitäten bei Facebook bekommt das Schreiben unter Strom ganz neue Dimensionen, die man sich noch einmal verdeutlichen muss, um sich nicht wie ein Autor aus der Gutenberg-Galaxis zu verhalten, wenn man im Netz unterwegs ist:

■ Das Schreiben unter Strom ist ein kommunikatives Schreiben, bei dem der Autor mit anderen verbunden ist und deshalb immer Sender und Empfänger zugleich ist.

■ Das Schreiben unter Strom ist nicht mehr auf ein abgeschlossenes Werk angelegt. Was geschrieben wird, hat die Funktion eines Relais, über das Energien weitergeleitet werden.

■ Schreiben unter Strom heißt, im emphatischen Sinn *jetzt* zu schreiben. Hier wird nicht mehr das Vergangene vergegenwärtigt. Es geht nicht einmal mehr um das Festhalten der Gegenwart. Stattdessen wird dauernd gefragt, was als Nächstes passiert.

■ Schreiben unter Strom heißt, die Frage nach dem Unterschied von Fiktion und Wirklichkeit zurückzustellen. Geschrieben wird im Modus der Inszenierung. Es geht um Performance. Und das bedeutet, dass Wirklichkeit im Netz nicht einfach abgebildet wird. Sie wird gemacht.

Dementsprechend ist mit diesen vier Grundsätzlichkeiten kein ästhetisches Programm formuliert, sondern die Schreibwirklichkeit im Netz definiert. Gleichwohl lassen sie sich in ein ästhetisches Programm verwandeln, auf dessen Grundlage man neue literarische Textformen entwickeln kann.
Das hat der Autor Jonas Bohlken gemacht. Und zwar auf radikale Weise. Sein »Werk« lässt sich nicht über das Netz anklicken, weil es Probleme mit den Persönlichkeitsrechten echter Individuen geben könnte. Stattdessen bekommt man es vom Autor bei Bestellung auf einem USB-Stick zugeschickt.

Auf diesem Stick ist »neosex« eingraviert. Und: »komm rein baby wir blinken«. Sobald man ihn mit dem Computer verbunden hat, öffnet sich ein Kästchen, in dem sich eine Datei anklicken lässt, über die der Browser für das Internet geöffnet wird. Schon ist man in einem Text, der seine Grenzen überschreitet, indem er sich mit anderen Seiten im Internet verbindet.

Der Text ist offensichtlich linear aufgebaut. Man gelangt von einer Seite zur nächsten, indem man ins untere Viertel des weißen Bildschirms klickt, auf dem alle Textstücke mit zarter, klarer Druckschrift mal mittig gesetzt, mal eher links oben platziert sind.

Auf der ersten Seite erscheint ein Inhaltsverzeichnis, das fünf Kapitel ausweist. Klickt man auf das erste, liest man:

du saugst dir das letzte gift aus dem knochen
für ein paar stunden asexualität/
dein herz wird zum massengrab für silberfische

Klickt man wieder, heißt es:

21:10 Radoma flüstert: aber wenn du 10 jahre
ne freundin hattest, dann scheinst du eigentlich
eher ein beziehungsmensch zu sein, als nur ein
just4fun-mensch. und dann fänd ich es eigentlich
schade, wenn du das aufgibst.

Ein nächster Klick auf den unteren Teil des Bildschirms, schon geht es weiter. Schritt für Schritt erscheinen vier neue Seiten, die sich zum Satz »du fühlst/ dich/ schmutzig/ du kannst dich anschließen« fügen. Dann heißt es, in zarter, klarer Schrift, mittig gesetzt:

21:21 Radoma flüstert: ja, das stimmt. dafür,
dass ich 18 bin, habe ich vermutlich auch relativ viel lebenserfahrung.

»du bist durstig«, liest man eine Seite weiter, dann nach einem nächsten Klick:

13:27 flüstert zu MissErfolg: Am Rhein, das ist schön ... Hast Du vielleicht Lust mir zu sagen, wie ich es mir selbst machen soll?

Diese Ausschnitte stammen aus Gesprächen, die online auf Seiten geführt worden sind, auf denen man Leute kennenlernen kann, um sich mit ihnen zu befreunden und vielleicht auch Sex zu haben. Jedenfalls virtuell. Denn »neosex« ist Sex, für den man keine im Raum anwesenden Körper braucht. Er spielt sich über Bildschirme, Tastaturen und mit den eigenen Händen ab.
Im zweiten Kapitel von Bohlkens Text taucht deshalb nicht zufällig in einer Wiederholungsschleife die Frage auf:

Can't stop looking at porn?

Dazwischen gibt es Seiten mit Zeilen, die mit »Camvorschau« und einem Doppelpunkt beginnen. Vermischt wird das mit kurzen Reflexionen zu Pornografie und Onanie:

Im Klartext: wenn man nur noch mit Pornos onaniert,
kann man wohl sicher von einer Sucht sprechen,
d. h. die Substanz Porno ist absolutes muß – dann kann
man von Sucht sprechen.

Oder:

Aber im Moment betrachte ich es eher als Trotzreaktion
meines Unterbewusstseins. »Du kümmerst dich nicht um
mich, also kümmere ich mich um meine Pornos ...«

So puzzelt man sich lesend zusammen, dass hier ein Mann erzählt, der über Kontaktseiten im Netz versucht, Frauen dazu zu bringen, ihm Fotos zu senden. Bei einigen blitzt er ab. Bei einigen kommt er ans Ziel. Manchmal bekommt er Ärger mit einem Webmaster, bei dem sich die Kontaktpartnerinnen über die Anmache beschweren.

Daneben klickt der Icherzähler immer wieder auf Seiten mit expliziteren Angeboten. Ob E-Mails, Chats, Videos, Fotos, Webcams – er ist in einem Loop, aus dem es keinen Ausweg gibt. Dokumentiert werden diese Schleifen von ihm allerdings ohne große Erregung. Er erzählt mit der Gleichgültigkeit des routinierten Junkies, der sich immer wieder denselben Stoff für den nächsten Kick verschaffen muss.

Das Konzept von »neosex« erinnert an den in Kapitel 9 vorgestellten Roman »Gut gegen Nordwind« von Daniel Glattauer. In der dazugehörigen Schreibaufgabe sollte man einen eigenen E-Mail-Roman beginnen, indem man sich auf Recherchereise durch Kontaktbörsen im Internet begibt und die Chatgespräche und E-Mail-Briefwechsel mit den virtuellen Partnern als Grundlage für einen literarischen Text benutzt.

Genau das tut Jonas Bohlken. Auch er hat seinen Text komplett recherchiert und dabei Bruchstücke aufgesammelt, produziert oder provoziert. Doch geht er einen großen Schritt über Glattauers Konzept für einen E-Mail-Roman hinaus.

Denn in »neosex« kommt man von jedem Textstück, dem ein Username vorgeschaltet ist, auf echte Profilseiten in Onlinekontaktbörsen. »Radoma«, »MissErfolg« und all die anderen sind Personen, mit denen die Leser tatsächlich in Kontakt treten können. Deshalb ist »neosex« nicht nur Fiktion. Es ist eine Dokufiktion, die auf irritierende Weise mit einer Welt verknüpft ist, die es wirklich gibt.

Dasselbe gilt für die Verweise auf Webcams und Seiten im

Netz. Bei manchen Links klickt man sich direkt in ein Video hinein, über andere kommt man in real existierende Bilddatenbanken.

Das alles funktioniert, weil Bohlkens Text mit dem Netzbrowser auf den Bildschirm gebracht wird. Deshalb gibt es keine Medienschwelle zwischen den Stücken, die der Autor geschrieben hat, und jenen Seiten, zu denen man über die Links ins Netz gelangt.

Dadurch wird unklar, wo »neosex« eigentlich aufhört. Da sich die Leser mit den Personen auf den verlinkten Seiten in Verbindung setzen können, gibt es die Möglichkeit, den Text per Chat oder E-Mail weiterzuschreiben. Das eröffnet auch die Möglichkeit, die Erkundung des fremden und befremdlichen Kosmos auf eigene Faust fortzusetzen. Bohlkens Text ist nicht so gebaut, dass man immer wieder automatisch zu seinen Seiten zurückkommt. Es ist ein Text, der den Leser in die andere Welt hinüberzieht und ihn dort sich selbst überlässt.

Wer dabei mitmacht, gerät in eine Position, in der man plötzlich über die digitale und interaktive Pornografie nachdenken muss, weil man sie selbst gerade konsumiert. Ganz gleich, ob man davon angenehm oder unangenehm berührt ist – lesend ist man in einer Situation, in der es nicht mehr um ein interesseloses Wohlgefallen geht.

Damit erfüllt »neosex« exemplarisch, was das Schreiben unter Strom in seinen neuen Dimensionen ausmacht:

Erstens muss der Autor Bohlken Sender *und* Empfänger sein, um diesen Text schreiben und programmieren zu können. So wie auch der Leser nicht nur Empfänger ist, sondern den Text durch das eigenständige Weiterklicken im Netz, eventuell auch durch die Kontaktaufnahme mit den Personen, weiterspinnen kann.

Zweitens ist »neosex« nicht abgeschlossen. Es ist nur ein Relais, über das man lesend in einen fremden, befremdlichen Kosmos des Internets gelenkt wird.

Drittens treibt man, wenn man in diesem Kosmos angekommen ist, den Text durch immer weitere Klicks voran, die von der drängenden Frage leben, was als Nächstes kommt.

Und *viertens* wird man damit von »neosex« in einen Bereich katapultiert, in dem sich die Frage von Fiktion und Wirklichkeit schlagartig erledigt. Alles ist virtuell. Aber alles hat eben auch seine ganz eigene Wirklichkeit.

So bekommt der Leser über dieses kleine Lehrstück in Sachen Onlinepornokonsum genau mit, wie das Schreiben unter Strom funktioniert. »Neosex« hilft zu verstehen, dass auch Blogs, *Tweets* und Facebookseiten nicht isolierte Artefakte sind. Sie sind mehr, weil sie mit Links versehen werden, die den User aus dem eingeschränkten Bereich ins Netz katapultieren. Blogs, *Tweets* und Facebookseiten sind über diese Links auf dynamische Weise mit dem Netz verbunden. Und über das Netz mit der Wirklichkeit.

Deshalb gilt als *fünfte* grundsätzliche Veränderung, die durch das Schreiben unter Strom in Gang gesetzt wird: Dieses Schreiben funktioniert wie eine Art Relais, über das die Texte mit dem Leben kurzgeschlossen werden. Und das hilft, beide Seiten mit Energie zu versorgen. Dementsprechend hilft es, beide Seiten unter Spannung zu setzen.

LINKS INS WIRKLICHE LEBEN

Schreibaufgabe

■ Die Aufgabe ist, eine ähnliche Recherche wie Bohlken für seine Dokufiktion zu unternehmen, um eigenes Material für eine hypertextuelle Erzählung zu sammeln. Dabei soll man einen fremden Netzkosmos erforschen. Im Internet haben sich unendlich viele Szenen etabliert. Sie haben ihre eigenen Seiten, Onlineforen, Chats, Kontaktseiten und Tauschbörsen. Je abseitiger das Thema ist, um das sie sich gruppieren, umso interessanter sind sie für die Recherche.

■ Hier ein paar der Szenen, mit denen man sich beschäftigen könnte: Bodybuilder, die es darauf anlegen, ihre Körper immer weiter aufzupumpen; Menschen, die darüber nachdenken, ihre Körper schönheitschirurgisch verändern zu lassen; Gothicfans, die sich für neue Bands, Songs, Konzerte und für die gruftmäßige Einrichtung von Wohnungen interessieren.

■ Diesen Szenen kann man nun so begegnen wie einem unbekannten Stamm in den Urwäldern von Papua-Neuguinea. Man muss versuchen, möglichst viel über Beobachtung, über Gespräche, vor allem aber über eine – wie es in der Ethnologie heißt – »teilnehmende Beobachtung« herauszubekommen. Man muss nämlich zu einem Teil der Szene werden und all das mitmachen, was auch die anderen machen. Nur dann lernt man aus der Innenperspektive, wie die Szene eigentlich organisiert ist.

■ Dabei fällt eine Menge Material an, das nun aber nicht in einem einfachen Ordner gesammelt werden soll. Stattdessen eröffnet man dafür eine eigene (erst einmal nur einem selbst zugängliche) Facebookseite, auf der man über die Statusmeldungen die Links zu den Seiten und Foren dokumentiert und

kommentiert. Zusätzlich nutzt man die »Notiz«-Funktion, um längere Texte zu schreiben oder per »Ausschneiden-Einfügen«-Taste auf der eigenen Seite einzufügen. Nicht zuletzt nutzt man die Albumfunktion, um die digitalen Bilder zu sammeln, auf die man bei der Recherche stößt.
Zum einen wird die Facebookseite dadurch zum Notizbuch eines Ethnologen, der hier die Puzzlestücke seiner Beobachtungen zurechtlegt, um sich nach und nach ein größeres Bild von dem Stamm zu machen, den er erforschen will.

■ Zum anderen entwickelt sich hier eine ganz eigene Erzählung, die der Dramaturgie des Recherchierens folgt. Es geht um das Annähern, das Vorantasten, das Eindringen, das Entdecken, das Aufdecken, letztlich um das Ausleuchten eines für uns bislang unbekannten dunklen Raums, in dem sich Gestalten bewegen, von denen wir nicht glauben können, dass es so etwas wirklich gibt.

15. Transmedia Storytelling

Wie das Schreiben unter Strom Texte und Leben kurzschließen kann, um beide Seiten mit Energie zu versorgen und unter Spannung zu setzen, zeigt das folgende Beispiel. Dabei handelt es sich gewissermaßen um die Königsdisziplin, weil hier alle uns bisher bekannten Formen des Schreibens unter Strom zusammengeführt werden.

Die Studentin N. öffnet eines Morgens ihren Briefkasten und findet einen handschriftlich an sie adressierten Brief. Er ist von einem Absender, den sie nicht kennt. Er teilt ihr mit, dass ein gemeinsamer Bekannter in den nächsten Tagen zurückkehren werde. Man habe ihn für tot gehalten. Er sei aber nur im Ausland gewesen, weil er wegen »einiger Verstöße gegen das Gesetz in unserem Viertel« polizeilich gesucht worden sei. Der Absender heißt Johnny Flarf, der Freund wird Melly genannt.

N. kennt beide Namen nicht. Auf dem Weg zum Bäcker aber entdeckt sie an Straßenlampen, Stromkästen und Hauswänden einige Aufkleber, auf denen das Gesicht eines jungen Mannes mit Sonnenbrille zu sehen ist, unter dem in Druckschrift »Melly come back!« steht. In den nächsten Tagen fallen ihr immer mehr Aufkleber auf, die offensichtlich über das ganze Viertel verteilt worden sind.

Das bringt N. dazu, im Internet zu recherchieren. Sie findet eine Facebookseite von Flarf. Er hat 328 Freunde. Wie N. sehen kann, ist sie selbst mit einigen von ihnen vernetzt. Also sendet sie Flarf eine Freundschaftsanfrage, die prompt positiv beantwortet wird. Als sie die Seite des neuen Freundes öffnet, sieht sie, dass dort lebhaft über die Rückkehr von Melly diskutiert wird.

Zu finden ist dort auch ein Fotoalbum, auf dem immer derselbe junge Mann von hinten zu sehen ist, wie er vor Geschäften des Viertels steht und die Hose so weit heruntergelassen hat, dass sein nackter Hintern zu sehen ist. Auch gibt es weitere Fotos, die von anderen Usern auf die Facebookpinnwand gepostet worden sind. Darauf sind sie allein, zu zweit oder auch in Gruppen ebenfalls vor Geschäften im Viertel zu sehen, immer von hinten, immer mit entblößtem Hintern. Über den Fotos steht jeweils als Kommentar: »Solidarität mit Melly!«

Außerdem gibt es einen Link zu einem »M-Blog«. N. klickt ihn an und kommt auf eine Seite, auf der Zeitungsartikel dokumentiert werden. Bei der Lektüre stellt sich heraus: Melly musste vor einem Jahr die Stadt verlassen, weil er mit seiner Hoserunter-Aktion gegen die steigenden Mietpreise und die Vertreibung von ärmeren Leuten aus dem Viertel protestiert hat. Die Fotos hat er vor den neuen schicken Cafés und Boutiquen gemacht, die sich anstelle der alten Läden etabliert hatten. Melly, von dem auf dem Blog auch private Schnappschüsse zu sehen sind, war bis zu seiner Flucht eine Art radikaler politischer Performancekünstler, der sich dafür eingesetzt hat, dass das Viertel nicht von Neureichen besetzt wird.

N. meldet sich auf diesem Blog auf einer E-Mail-Liste an. Zwei Tage später bekommt sie eine erste Sendung. Die ist von Melly selbst. Zu lesen ist ein Text, der zwischen Reportage und Erzählung changiert. Es ist das Porträt einer Frau, die als alleinerziehende Mutter mit ihrem Kind im Viertel gewohnt hat, aber ihre Wohnung wegen steigender Mietpreise kündigen musste. Im Anhang gibt es ein Foto, auf dem die Frau, ihr Kind und Melly in einem Wohnzimmer zu sehen sind.

Alle zwei Tage wird N. ein neuer Text zugeschickt. Immer wieder sind es Porträts von Leuten aus dem Viertel. Immer wieder ist Melly dazu auf einem Foto mit den Personen zu sehen, die er im Text porträtiert.

Auf der Facebookseite und im M-Blog werden derweil nicht nur Melly-Motive für Aufkleber zum Herunterladen angeboten.

Auch kann man Shirts bestellen, auf denen Mellys Kopf zu sehen ist. Darunter ist eine Internetadresse aufgedruckt. In den nächsten Tagen entdeckt N. auf den Straßen ihres Viertels immer mehr junge Leute, die ein solches Shirt tragen.

Auf der Seite, deren Adresse auf das Shirt gedruckt ist, sind kleine Videos zu sehen, in denen Leute »freies Geleit« für Melly fordern. »Er soll zurückkehren dürfen«, heißt es. »Wir brauchen Aktivisten im Viertel«. Dazu gibt es Links auf ein Video bei You-Tube: Eine stadtbekannte Indie-Pop-Band spielt den Song »Melly come back« und hat dazu ein Video produziert, das aus kurzen Sequenzen zusammengeschnitten ist, die Melly unscharf, verwackelt bei der Durchführung seiner Hose-runter-Aktionen zeigen. Hier wird am Ende in großen Lettern eine Nachricht eingeblendet, die N. auch auf der Facebookseite, in neuen E-Mails und auf neuen Aufklebern sehen kann: »Melly comeS back!« Dazu ein Datum, eine Uhrzeit und eine Adresse, die zu einem alten Laden gehört, der vor ein paar Monaten schließen musste und seither leer steht.

Eine Woche vor diesem Termin kommt über dieselben Foren ein Video in Umlauf, auf dem Melly eine große Party ankündigt. Zusätzlich kann man sich bei einem Twitter-Account anmelden, über den alle *Follower* mit weiteren Bildern von Mellys nacktem Hintern vor den neuesten Geschäften des Viertels versorgt werden. Dazu gibt es pointierte Aphorismen über das Leben in einer Stadt, »die uns gehört«.

N. geht eine Woche später zur angekündigten Party. Es stellt sich heraus, dass der Laden von neuen Besitzern eröffnet wird. Er heißt jetzt »Melly« und ist ein Ort für junge, kreative Labels, die im Viertel arbeiten: einen Verlag, Modedesigner, Musikproduzenten, eine Agentur für digitale Erzählformen. Verkauft werden im Ladenteil ihre Produkte. Dazu gibt es ein Café, eine Galerie, eine Bühne für Lesungen und Konzerte.

In der Galerie werden am Eröffnungsabend 500 Fotos ausgestellt, auf denen die Leute vor Läden ihren Hintern zeigen. Auf der Bühne spielt zur Eröffnung die Indie-Pop-Band. Und als umjubelter Star des Abends tritt Melly selbst auf. Er stellt sich als Schauspieler heraus, der von der Agentur für digitales Erzählen engagiert worden ist. Ihre Mitglieder stellen am selben Abend zwei Bücher vor: einen Kunstkatalog mit lauter nackten Hintern vor Geschäften in den großen Metropolen der Welt und einen Band, der zwanzig Porträts von Bewohnern des Viertels versammelt, versehen mit dem Vorwort eines Soziologen, der über das Problem der Gentrifizierung schreibt.

Ohne es zu wissen, hat N. an etwas teilgenommen, das *Transmedia Storytelling* genannt wird. Über die Grenze einzelner Medien hinweg wurde hier eine große Geschichte inszeniert, die zwar komplett erfunden war, sich aber mit der Wirklichkeit verbunden hat.

Es ist eine Geschichte, die darauf angelegt ist, eine unmittelbar gegenwärtige Erlebniswelt zu schaffen. Als Leser nimmt man im Rahmen einer Community oder einer Fangruppe an der Entwicklung dieser Welt teil. Weil dabei die herkömmlichen Vorstellungen von Geschichte oder Inszenierung überschritten werden, spricht man auch von »Alternate Reality Game«.

Games dieser Art werden hauptsächlich im Marketingbereich konzipiert. Das vielleicht größte und gelungenste Projekt hat die Handymarke Nokia realisieren lassen.[50] Aber auch Buchverlage lassen Ähnliches inszenieren, um Leser auf die anstehende Veröffentlichung von Büchern aufmerksam zu machen.[51]

Das *Transmedia Storytelling* lebt davon, unterschiedliche Medien wie Räume zu nutzen, in denen die Materialien aufein-

---

[50] http://www.conspiracyforgood.com/.
[51] http://www.vm-people.de/de/vmprojects/dzwk.php.

ander abgestimmt und in ihrer Wirkung intensiviert werden. Blogs, Twitter, Facebook, Homepages, YouTube, Myspace sind ebenso wie die Umgebung im *Real Life* einzelne Erzählwerkstätten, die sich zu einer großen verbinden.

Hinzu kommt: Das *Transmedia Storytelling* ist ein kollektives Erzählen. Beteiligt sind Leute, die sich mit dem Erzählen auf Blogs und Facebookseiten ebenso gut auskennen wie mit dem Twittern. Sie wissen aber nicht nur, wie in diesen Medien gut erzählt wird. Sie wissen auch, wie man möglichst viele Leute erreicht und sie dazu bringt, in die erzählte Geschichte einzusteigen.

Dazu gehören Leute, die in der Lage sind, themenbezogene Webseiten zu programmieren. Auch braucht man Leute, die ein professionelles Corporate Design entwickeln. Vor allem wird jemand gebraucht, der eine gute Idee hat, was man eigentlich erzählen könnte.

In der Regel gibt es auch einen Auftraggeber, der mit dem *Transmedia Storytelling* ein Produkt oder eine Dienstleistung bewerben möchte. Ausgangspunkt ist dabei meist der Wunsch, genau die Zielgruppe zu erreichen, die mit den Neuen Medien aufgewachsen ist und ein Leben lebt, in dem alle möglichen Medien und Plattformen miteinander verbunden sind.

Es ist kein Zufall, dass die Macher solcher Projekte selbst zu dieser Zielgruppe gehören. Sie haben drei Kompetenzen, die man erwirbt, wenn man alle Medien und Plattformen dauernd miteinander verbindet: Sie haben *erstens* das technische Web-Know-how. Sie haben *zweitens* digitale Kommunikationskompetenz. Und *drittens* kennen sie sich mit Geschichten aus, die nicht nur in Netzwerken spielen.

Vorbilder sind die Computer- und Rollenspiele, in denen man sich durch Labyrinthe bewegt, um etwas zu finden oder zu jagen, um irgendjemanden zu befreien oder um die Welt zu ret-

ten. Grundformen dieses Erzählens haben wir in Kapitel 3 vorgestellt. Grundlage ist die Kombinatorik, über die sich unterschiedliche Elemente so miteinander verknüpfen lassen, dass sich neue Effekte und Situationen ergeben, die sich allesamt in ein dramaturgisches Konzept integrieren lassen.
Damit wird klar, warum das *Transmedia Storytelling* die Königsdisziplin des Schreibens unter Strom ist.

- Es ist ein auf Kommunikation ausgerichtetes Schreiben.
- Es ist ein Schreiben, das nicht auf die Entstehung eines stabilen, abgeschlossenen Werkes angelegt ist.
- Es ist ein Schreiben, das eine Handlung in der unmittelbaren Gegenwart in Gang setzen will.
- Es ist ein Schreiben, das auf die Verknüpfung von Fiktion und Wirklichkeit im Modus der Inszenierung angelegt ist.
- Damit ist es ein Schreiben, das als Relais funktioniert, über das Text und Leben so kurzgeschlossen werden, dass sie sich nur noch als ein Ganzes verstehen lassen. Die Frage nach dem Unterschied zwischen virtueller und realer Welt erscheint hier geradezu lächerlich.
- Vor allem aber ist das *Digital Storytelling* ein Schreiben, das auf allen Ebenen (und quer zu diesen Ebenen) das Prinzip der Verknüpfung und der Kombination zur Herstellung von etwas Neuem anwendet.

Nun muss man allerdings einschränkend sagen: Unklar ist noch, ob und wie *Alternate Reality Games*, die bisher realisiert worden sind, die von den Auftraggebern angestrebte Werbewirksamkeit entfalten. Leute zu bewegen, in Geschichten dieser Art mitzuspielen, ist schwierig. Sie im Spiel zu halten, ist noch schwieriger. Da sich die Geschichten dem wirklichen Leben angleichen wollen, haben sie die Tendenz, genauso unübersichtlich zu werden. Gleichwohl bewegt das *Digital Storytelling* nicht nur den harten Kern der Teilnehmer. Am Melly-Beispiel war zu sehen, dass Geschichten dieser Art eine Außenwirkung entfalten, gerade weil sie eine Präsenz im wirklichen Leben erzeugen, die sich nicht nur durch das Mitspielen, sondern auch durch das Weitererzählen verstärkt.

So ist das *Transmedia Storytelling* ein Experimentierfeld, auf dem nach gelingenden Erzählformaten gesucht wird. Ob sie gelingen oder nicht, ist dabei eine Frage, die nicht nur das Marketing interessiert. Interessant ist dieses Erzählen vor allem, weil es viel grundsätzlicher nach den Möglichkeiten und Bedingungen fragt, mit denen wir die digitalen Medien mit unserem Leben so weit verknüpfen, dass sich das Ganze als ein Netzwerk verstehen lässt, in dem es darum geht, die Konstruktion von dem in Gang zu halten, was wir unsere Wirklichkeit nennen.

TEXTPROJEKTE UND SCHREIBAUFGABEN III

Schreibaufgabe

■ Aufgabe ist, ein Konzept für ein Transmedia-Storytelling-Projekt zu entwerfen: Es soll um die Inszenierung einer Kampagne für ein Produkt gehen, das es gar nicht gibt (und nie geben wird), für das aber das ganze Drumherum an Geschichten und Lebensphilosophien real fassbar gemacht wird. Als Ausgangspunkt kann das berühmte Zitat des Modemachers Wolfgang Joop dienen: »Ich verkaufe den Leuten nicht Parfums, sondern Geschichten.«

■ Das Produkt, um das es gehen soll, kann man sich selbst ausdenken: eine neue Sportschuhmarke, eine neue Droge, ein Gerät im Taschenformat zur Abwendung der Klimakatastrophe, eine neue Sekte oder ein neuer Autor.

■ Die Fragen, die sich auch Profis für ein Projekt dieser Art stellen und in einer eigenen Konzeptskizze beantworten müssen, lauten:

■ Was für eine Geschichte ist es, die mit dem Scheinprodukt konkret erzählt werden soll? Wie sieht der ideale Verlauf der erzählten Geschichte aus? In welche einzelnen Akte lässt er sich unterteilen?

■ Welche Alters- und Zielgruppe will man ansprechen? Wie sieht die Mediennutzung dieser Alters- und Zielgruppe aus? Welche Medien will man zu welchem Zeitpunkt einsetzen? Wozu sollen sie konkret genutzt werden? Wie viele Teilnehmer will man für das Projekt gewinnen?

■ Über welchen Zeitraum soll das Projekt laufen? Wie können die Medien innerhalb dieser einzelnen Akte eingesetzt werden? Wie kann der Einsatz der Medien so verknüpft wer-

TRANSMEDIA STORYTELLING

den, dass sich die Wirkung intensiviert? In welchen Formen wird der Einsatz der Medien mit der konkreten Lebenswelt der Teilnehmer verknüpft?

■ Wer all diese Fragen in einem Konzept beantwortet, hat fast einen kompletten Plot für einen Roman über das *Transmedia Storytelling*. Um diesem Roman etwas Schwung zu geben, lässt sich ausspinnen, wie die Inszenierung des neuen Produkts plötzlich Reaktionen hervorruft, mit denen keiner der Beteiligten gerechnet hat und die keiner mehr kontrollieren kann.

■ Übrigens wäre eine solche Wendung für das *Transmedia Storytelling* äußerst interessant: Denn wie lässt sich als »Alternate Reality Game« eine Erzählung inszenieren, die als Erzählung außer Kontrolle gerät? Wer diese Frage in seinem Konzept beantworten kann, steht kurz davor, eine neue spektakuläre Variante des *Digital Storytelling* zu erfinden...

16. Schreiben unter Strom *live!*

Am *Transmedia Storytelling* war zu sehen, wie eng sich »virtuelle« und »reale« Welt über das Schreiben unter Strom verbinden lassen. An dem folgenden Projekt lässt sich sehen, dass sich diese Verbindung noch produktiver gestalten lässt.
Unter der Netzadresse www.korsakow.org kann man sich ein von dem Filmemacher Florian Thalhofer entwickeltes Programm zur Produktion nichtlinearer Filme herunterladen. Den Namen hat dieses Programm von dem russischen Nervenarzt Sergej Sergejewitsch Korsakow bekommen, der am Ende des 19. Jahrhunderts eine besondere Form der Amnesie beschrieben hat, die häufig als Spätfolge intensiven Alkoholkonsums diagnostiziert wird. Zu tun hatte Korsakow mit Patienten, die sich zwar erinnern können, aber nicht mehr in der richtigen Reihenfolge. Was sie im Gedächtnis haben, scheint aus der Zeit gefallen. Und es fällt immer weiter: Jeder Versuch die einzelnen Erinnerungssequenzen zu ordnen, wird sofort wieder über den Haufen geworfen. Es ist, als würde im Gedächtnis alles immer wieder in Bruchstücken durcheinandergeschüttelt, um für kurze Zeit in einer anderen Reihenfolge liegen zu bleiben.

Die Patienten können nicht mehr sicher sagen, ob sie eine Person, die wenige Minuten zuvor bei ihnen im Zimmer war, nicht vor Jahren zuletzt getroffen haben. Die Kindheit kann ihnen zeitlich näher liegen als die Zeit ihrer Jugend, wobei sich auch Kindheit und Jugend in unendlich viele Sequenzen aufteilen, die immer wieder in loser Folge durcheinandergemischt werden. Verbunden ist das mit dem Hang zum »Confabulieren«, wie Korsakow sagt: Die Patienten erfinden mitunter die abstrusesten Geschichten, die sie in ihrem Lebenslauf an beliebiger Stelle platzieren und als wirklich Erlebtes ausgeben.

Dieses eigenartige Erzählprinzip – das ebenso zufällige wie vorläufige Verketten von Erzählsequenzen und das Vermischen

SCHREIBEN UNTER STROM *LIVE!*

von tatsächlich Erlebtem und Zusammengesponnenem – hat den Filmemacher Florian Thalhofer als ästhetisches Phänomen interessiert. Und zwar als eines, das sich auf radikale Weise den traditionellen linearen Erzählmustern widersetzt.

Thalhofer hat die erste Fassung des Korsakowprogramms 1997 für ein Filmprojekt entwickelt. Wer wissen will, wie es funktioniert, sollte es herunterladen und damit experimentieren. Parallel dazu kann man sich den Film »Mauerexpedition« anschauen, der unter Thalhofers Leitung in Zusammenarbeit mit einer Gruppe von Berliner Jugendlichen entstanden ist.[52] Gemeinsam sind sie 2008 und dann noch einmal 2009 den 165 Kilometer langen ehemaligen Mauerstreifen rund um und durch Berlin entlanggefahren und haben – neben einem kleinen »Logbuch«, in dem Ausschnitte aus Notiz- und Tagebüchern der Expeditionsteilnehmer zu lesen sind – kleine Filminterviews mit Passanten und Anwohnern über das Leben an der Grenze gemacht.

Diese Interviews wurden am Ende nicht zu einer linearen Geschichte aneinandergeschnitten, sondern ins Korsakow-Programm eingespeist. Das Ergebnis: Die Sequenzen sind nur noch potenziell miteinander verbunden. Von einer Sequenz kann man in mehrere andere springen. Jede Sequenz ist damit zugleich von mehreren anderen Sequenzen aus erreichbar.

Beim Anschauen des Films darf sich der Betrachter also nicht zurücklehnen, um alles an sich vorbeirauschen zu lassen. Man muss eingreifen. Erst der nächste Klick bestimmt, welche Sequenz als Nächstes abgespielt wird. So gibt es hier nicht *den* Film zu sehen, sondern viele.

Thalhofer knüpft mit diesem Projekt und seinen vielen anderen Korsakowfilmen nicht nur an die Ästhetik des hypertextuellen Erzählens an, die wir bereits aus Kapitel 3 kennen. Er geht

---

[52] www.mauerexpedition.de.

noch einen Schritt weiter, indem er sein Programm zur Erstellung nichtlinearer Filme in das Internet einspeist und es anderen für eigene Produktionen zur Verfügung stellt.

Florian Thalhofer schafft damit ein virtuelles Produktionskollektiv, in dem immer mehr Beteiligte mit dem nichtlinearen Erzählen experimentieren und ihre Ergebnisse ins Netz einspeisen. Jeder neue Korsakowfilm wird zu einem neuen Teilstück, mit dem sich das Projekt erweitert – und zwar so wie die Filme, die mit dem Programm aufbereitet werden: nicht-linear, ungeplant, ungerichtet, zufällig.

Neben diesem virtuellen hat Thalhofer aber noch ein anderes Produktionskollektiv geschaffen. Es nennt sich *Korsakow-Institut für Nonlineare Erzählstruktur*.[53] Zu diesem Institut gehört eine Reihe von Künstlern, die für sich und gemeinsam über die Möglichkeiten nachdenken, Werke als Netzwerke in Netzwerken zu realisieren.

Klickt man auf der Institutshomepage auf die Rubrik »Texte & Co«, sieht man die Liste von Arbeiten, die in diesem Kontext entstanden sind oder sich auf ihn beziehen.[54] Experimentelle Prosa und Tagespläne der Autorin Anke Angermeyer. Eine Reihe von Zeichnungen von Heinz Emigholz. Den Protokollband zu einer Podiumsdiskussion über nichtlineares Erzählen. Ein Video zur Mem-Theorie der amerikanischen Wissenschaftlerin Susan Blackmore. Dazu gibt es einen Band mit Gesprächen, die Tobias Hülswitt und Roman Binzanik mit Wissenschaftlern über die Zukunft von Mensch und Technologie geführt haben. Hülswitt ist Romanautor und hat deshalb auf der Institutshomepage eine ganze Reihe von poetologischen Arbeiten, Interviews und literarischen Skizzen zum Thema Korsakow verlinkt.

---

[53] http://institut.korsakow.com/index.html.
[54] http://institut.korsakow.com/deu/_texte.html.

SCHREIBEN UNTER STROM *LIVE!*

Die Aktivitäten des Instituts gehen aber über das Produzieren von Filmen, das Programmieren und Bestücken von Homepages, das Zeichnen und das Schreiben von Büchern hinaus. In der Spielzeit 2008/2009 haben Mitglieder des Instituts an den Münchener Kammerspielen die Performancereihe »Hilfe! Freiheit!« veranstaltet. Hier haben sie das nichtlineare Erzählen auf die Bühne gebracht. Tobias Hülswitt hat den Ablauf dieser Performances beschrieben:

In der Korsakowshow werden zwei Experten links und rechts einer Leinwand platziert. Sie sitzen halb der Leinwand, halb dem Publikum zugewandt. Auf der Leinwand wird ein Korsakowfilm abgespielt, bestehend aus 20 bis 150 Sekunden langen Ausschnitten aus Videointerviews. Diese hat der Autor – oder das Autorenteam – vor der Veranstaltung zum Thema des Abends geführt und in den Korsakowfilm eingespeist. Die Rolle der Experten besteht darin, die Filme als Stichwortgeber zu verwenden, sich von ihnen zu eigenen Beiträgen inspirieren zu lassen, sie zu kommentieren, zu bestätigen, zu widerlegen und als Anlass zu eigenen freien Ausführungen zu nehmen. Kein Moderator existiert. Stattdessen können die Zuschauer den so genannten Publikumslink nutzen, ein seitlich platziertes Mikrofon, um die Experten etwas zu fragen oder eigene Gedanken beizutragen.[55]

Das Interessante an dieser Performance ist: Hier wird mit allen Grundregeln gespielt, die wir bei unserer Beschäftigung mit dem Schreiben unter Strom kennengelernt haben.

▪ Die Aufführung ist kommunikativ, denn es geht darum, ein Gespräch in Gang zu setzen.

▪ Dabei wird nicht ein fertiges Stück inszeniert, das einer vorgegebenen Linie folgt.

---

[55] Tobias Hülswitt: Handbuch des Nonlinearen Erzählens, S. 31.

▪ Stattdessen geht es um das Einspeisen von immer neuen Materialstücken, die Impulse geben, mit denen das Gespräch vorangetrieben werden kann.
▪ So wird in der Aufführung nichts Vorgegebenes wiederholt. Sie findet auf emphatische Weise *jetzt* statt. Die spannende Frage für alle Beteiligten ist: Was passiert als Nächstes? Dabei kann sich jeder an der Herstellung des Nächsten beteiligen.
▪ Alle Beiträge zusammen verwandeln dann den Abend in ein großes Werk, von dem sich nicht sagen lässt, ob es ein »Kunststück« ist oder nur das, was immer passiert, wenn sich Leute in einem Raum über das unterhalten, was sie gerade sehen.

Diese Show ist eine Netzwerkperformance par excellence. Denn hier werden ganz unterschiedliche Ebenen nichtlinear miteinander verknüpft.
▪ *Auf der ersten Ebene* gibt es das Korsakowprogramm. Es ist darauf ausgelegt, verschiedene Materialien so miteinander zu vernetzen, dass sich die Möglichkeit ergibt, immer neue Geschichten zu erzählen.
▪ *Auf der zweiten Ebene* gibt es das Korsakow-Institut, in dem unterschiedliche Künstler ihre Arbeit so miteinander vernetzen, dass sie sich nichtlinear aufeinander beziehen, sich Impulse geben und sich gegenseitig intensivieren.
▪ *Auf der dritten Ebene* gibt es die konkrete Abendveranstaltung, für die Mitglieder des Korsakow-Instituts Filmsequenzen mit digitalen Kameras herstellen, die dann in das Korsakowprogramm eingegeben werden, um sie nichtlinear miteinander zu verbinden.
▪ *Auf der vierten Ebene* wird das Abspielen des nichtlinearen Films als Impulsgeber für ein Gespräch genutzt, das nichtlinear abläuft, weil niemand weiß, welche Impulse aufgenommen werden und in welche Richtung es sich aufgrund dieser Impulse bewegt.

■ *Auf der fünften Ebene* werden die Zuschauer zum Teil dieses Gesprächsnetzwerks, indem sie Impulse aus den Filmen und den Gesprächen aufnehmen und eigene Beiträge einspeisen.
■ *Auf der sechsten Ebene* gibt es dann wieder die nichtlineare Dokumentation der Abende, die ins Internet eingespeist wird.

Das Ergebnis der Verknüpfung dieser sechs Ebenen? Ein ganz schönes Durcheinander mit verblüffender Wirkung:

Nach der Show sind Konzipienten wie Veranstalter in der Regel so aufgewühlt von der Vielzahl der Fragen und Impulse, die im Raum stehen, dass einander wildfremde Menschen direkt ins Gespräch kommen. Auch das ist fester Bestandteil der Korsakowshow.[56]

Mit dieser Show wird vorgeführt, wie das Schreiben unter Strom nicht nur Autoren, Texte und Leser, sondern auch das Verständnis von sogenannten Lesungen verändern kann. Hier gibt es nicht mehr den Raum, den das Publikum betritt, um sich schweigend auf Stühle zu setzen und den Autor zu erwarten, der sich nach vorne an einen Tisch mit Leselampe und Wasserglas setzt, um mit seiner einen Stimme den Saal zu beschallen und dabei die ganze Aufmerksamkeit für sich in Anspruch zu nehmen.
Das Schreiben unter Strom elektrisiert und dynamisiert jetzt auch diese alte Konstellation. Sie wird zu einer nichtlinearen Performance, bei der es um den Aufbau eines Netzwerks, das Einspeisen von Material und das Weiterleiten von Impulsen geht. Die Lesung verwandelt sich in einen Produktionsraum, der so mit anderen Produktionsräumen verbunden ist, dass er als eine Art Relais funktioniert. Geschaffen wird ein Durchgangsraum, in dem man sich auf emphatische Weise *jetzt* bewegt, um Ener-

---
[56] Hülswitt: Handbuch des Nonlinearen Erzählens, S. 34.

gien zu erzeugen, mit denen dann an anderer Stelle weitergearbeitet werden kann. Damit wird die Korsakowshow zu einer Liveversion des Schreibens unter Strom!

Schreibaufgabe

■ Die Aufgabe ist diesmal, ein eigenes Live-Literatur-Format zu entwerfen. Alles muss dafür so eingerichtet werden, dass die Show eine Fortsetzung des Schreibens unter Strom mit anderen Mitteln in Szene setzt.

■ Dafür soll ein einzelner Autor, besser noch eine Gruppe von Autoren die eigenen Facebookseiten präsentieren.
Wie aber sollte das im Rahmen einer »Lesung« vorgeführt werden? Dafür muss man sich Gedanken über mehrere Komponenten und ihre Verknüpfung machen:

■ Wie viele Personen zeigen ihre Facebookseiten auf welche Weise? Werden die Seiten an die Wände projiziert? Sind sie auf Bildschirmen zu lesen? Entstehen die Texte live oder sind sie bereits gepostet?

■ Wie muss der Raum aussehen, in dem die Veranstaltung stattfindet. Wo sitzen die Lesenden, wo sitzt das Publikum? Sitzen die Lesenden und das Publikum überhaupt? Oder bewegen sie sich frei im Raum? Kann die Veranstaltung vielleicht in mehreren Räumen stattfinden?

■ Wie wäre eine Beteiligung des Publikums zu ermöglichen? Weil das Schreiben bei Facebook ohnehin eine Form der Live-Improvisations-Literatur ist, lässt sie sich auch vor Ort live improvisieren. Dafür könnte man zumindest diejenigen aus dem Publikum einbeziehen, die über ihre Handys die Möglichkeit haben, Einträge bei Facebook zu posten.

■ Schließlich ist die Frage, wie die Veranstaltung medial vorbereitet, begleitet nachbereitet wird. Wenn sich eine Performance dieser Art als Produktionsraum verstehen lässt, in den Materialien aus anderen Räumen eingespeist und aus dem Energien in andere Räume weitergeleitet werden, dann bedeutet das: Was hier entsteht, sollte wieder dokumentiert und zur Weiterbearbeitung zur Verfügung gestellt werden.

Nachbetrachtung: Unter Strom leben

Der Autor Tobias Hülswitt berichtet, wie das Experimentieren mit dem Korsakowprogramm von Florian Thalhofer das wir im letzten Kapitel vorgestellt haben, seine Einstellung zum Schreiben grundlegend verändert hat. Zuvor hatte er sich noch an sogenannten »richtigen« Romanen versucht:

Solche mit Anfang, Mitte, Ende und einer Handlung, die von Figuren ausgeführt wird und mit psychologischer, chronologischer und kausaler Folgerichtigkeit auf ein dramatisches Ziel hinführt.

Ich versuchte im Schreiben, die Geschichte so linear wie möglich zu halten. Sie besitzt einen Spannungsbogen und sämtliches Pipapo der Erzählkunst.[57]

Das »Pipapo« hatte er aus Lehrbüchern des kreativen Schreibens übernommen, die sich am alten realistischen Roman und am Drehbuch für den klassischen Hollywoodfilm orientieren.

Gerade diese Verpflichtung auf das lineare Erzählen mit klarem Spannungsbogen aber war für Hülswitt beim Schreiben mit »Unlust und Qual« verbunden. An jeder Stelle hatte er das Gefühl, Handlung, Figuren und schließlich auch sich selbst zu etwas zu zwingen, das weder er noch die Texte wollten. Es fehlte die Bewegungsfreiheit. Und damit fehlte die Möglichkeit, etwas Neues zu machen.

So war Hülswitts Erkenntnis, dass diese Art, zu schreiben

---

[57] Hülswitt: Handbuch des Nonlinearen Erzählens, S. 38, 41.

UNTER STROM LEBEN

weder im Prozess noch im Ergebnis etwas hervorbringen kann, was überrascht. Man kann sich schwer vorstellen, wie es erstaunliche Reize offenbaren sollte. Das narrative System, das die Lehrer des Linearen empfehlen, wirkt stattdessen geradezu als Schutzschirm gegen die Zufälligkeiten und Unbeherrschbarkeiten des Lebens. Es besteht aus Scheuklappen [...], und mehr: es ist ein Mittel zur vermeintlichen Kontingenzbeherrschung.[58]

Damit wird klar, was Hülswitt an Thalhofers Korsakowprojekt so fasziniert. Weil es im Computer einzelne Filmstücke nichtlinear miteinander verbindet und damit die Erzählung als Netzwerk organisiert, ist es auf Kontingenz, Zufälligkeit und Überraschung angelegt. Es will die Erzählung nicht in eine Schablone zwingen. Es will neue Möglichkeiten öffnen. Statt ein starres Werk zu schaffen, das alle Zeiten überdauert, wird das Erzählen mit dem Korsakowprogramm so unter Strom gesetzt, dass es sich immer weiterbewegt. Klar wird damit auch, warum Hülswitt das Korsakow-Institut für Nonlineare Erzählstruktur mitgegründet hat. Denn auch diese Gruppe ist als ein Netzwerk organisiert, in dem die Abläufe und Ergebnisse nicht vorher festgelegt sind. Es geht um eine lockere Kooperation, in der man auf verschiedene Weisen über dasselbe Thema nachdenkt. Ziel ist, sich gegenseitig zu inspirieren. Jeder soll den anderen mit Impulsen versorgen, um die Denk-, Schreib- und Arbeitsbewegungen in Gang zu halten.

Und damit ist dann schließlich auch klar, was Hülswitt dazu gebracht hat, die ebenfalls im letzten Kapitel vorgestellten Korsakowshows zu organisieren. Denn hier werden verschiedene Aktivitäten in verschiedenen Medien auf verschiedenen Ebenen so miteinander vernetzt, dass im Moment der Aufführung etwas entsteht, womit niemand gerechnet hat.

---

[58] Hülswitt: Handbuch des Nonlinearen Erzählens, S. 40.

NACHBETRACHTUNG

Hülswitts Befreiung von der Linie hat natürlich mit einem Medienwechsel zu tun. Das Buch wird durch das Netz ersetzt. Aus dem Schreiben auf Papier wird ein Schreiben unter Strom:

Mit dem Rechner ist ein nonlineares Medium auf den Plan getreten, das gleichsam als Bindung nicht-linearer Narrationen fungieren kann. Es lassen sich mit ihm, bildhaft gesprochen, Zettelkästen erstellen, deren Kärtchen in verschiedenen Reihenfolgen angeordnet werden können, ohne dass man sich Sorgen machen muss, es könnten Zettel herausfallen oder verloren gehen. Es ist sogar so, als könne man die Zettel in die Luft werfen, und dort, wo sie hängen bleiben, lesend durch die entstandene Wolke von Erzähleinheiten spazieren.[59]

Hülswitt führt aber mit seiner persönlichen Entwicklung nicht nur vor, wie das Schreiben unter Strom das Verhältnis zur Produktion von Texten ändern kann. Wer sein »Handbuch des Nonlinearen Erzählens« liest, erfährt von ihm, dass ihn die Erfahrung des kreativen Umgangs mit Netzwerken viel tiefgehender umgekrempelt hat.

Der Verdacht, den er nämlich beim lustlosen und quälenden Schreiben »richtiger« Romane hatte, war: dass die Art und Weise, wie wir Geschichten erzählen, uns ebenso prägt wie die Kultur, in der wir leben. Das lineare Erzählen zwingt dementsprechend unsere Wahrnehmung dazu, alles auf Linie zu bringen. Von der Weltgeschichte bis zu unserer eigenen Biografie muss alles immer so erzählt sein, dass es einen Anfang, eine Mitte und ein Ende hat und dabei einem großen Spannungsbogen folgt. Der Ideologie nach bewegen wir uns darin wie klar konturierte Figuren, die in einem großen Roman oder einem Film mitspielen, in dem alles Schritt für Schritt abläuft und sinnvoll aufeinander bezogen ist.

---

[59] Hülswitt: Handbuch des Nonlinearen Erzählens, S. 23.

Wer seinen Lebenslauf für eine Bewerbung schreiben muss, weiß wohl, was damit gemeint ist. Nicht nur müssen wir dabei so tun, als hätten wir auf einer geraden Linie gelebt. Auch soll alles nach einem klar strukturierten Bildungsroman aussehen. Was nicht passt, wird passend gemacht. Oder es wird einfach ausgeblendet.

Solche Eingriffe haben schwerwiegende Folgen für die Lebensführung. Wer fest daran glaubt, dass das Leben klar und linear verlaufen muss, legt es auch genau so an – und fühlt sich dementsprechend frustriert und deprimiert, wenn es nicht so gerade läuft, wie es dem vorgegebenen Format entsprechend laufen müsste.

Wer so denkt, macht mit seinem eigenen Leben genau das, was Hülswitt aus den Kreativ-Schreiben-Büchern gelernt hat, die von den »Lehrern des Linearen« verfasst worden sind: Man spannt einen Schutzschirm gegen die Zufälligkeiten und Unbeherrschbarkeiten auf. Man setzt Scheuklappen auf, um sich nicht ablenken zu lassen. Die Hauptaufgabe besteht darin, Kontingenz zu minimieren und den Rest an Zufall einigermaßen zu beherrschen. Nicht zufällig wird im Rahmen dieser Lebensphilosophie das Schreiben eines »richtigen« Romans mit Anfang, Mitte und Ende zur Königsdisziplin.

Mit dem Abschied von diesem »richtigen« Roman hat sich nun aber für Hülswitt folgerichtig auch das Leben verändert. Jetzt erzählt er nicht nur Texte anders, sondern auch sich selbst:

Die Theorie des nicht-linearen Erzählens ist zur Lupe geworden, durch die ich die Welt betrachte und lese. Weit darüber hinaus ist sie mir Anleitung und Inspirationsquelle geworden, nicht nur zum Schreiben, sondern zur Gestaltung meiner Wirklichkeit. Seit ich mein Leben nicht-linear und offen gestalte, ist es reicher geworden. Ich habe das Beobachten des Nutzlosen wieder entdeckt, die Dinge, die wir in unserer Kindheit beherrschen und später verlernen sollen. Seitdem bemühe ich mich täglich, zu mir zu nehmen, was Walt Whitman einst »die unfassbare Nahrung aus allen Dingen und zu jeder Stunde des Tages« nannte.[60]

Ist das jetzt Esoterik? Nein. Es ist die konsequente Fortsetzung von dem, was wir in den letzten Kapiteln vorgestellt haben: die schwellenlose Verschaltung von »virtueller« und »realer« Welt, durch die beide Seiten gleichermaßen unter Strom gesetzt werden. Die Prinzipien der Nichtlinearität und der Kombinatorik, denen die Computer und die Computernetze folgen, werden nun auf radikale Weise dazu genutzt, die Maschinen mit dem Leben unauflösbar zu verknüpfen.

Wir haben in den letzten Kapiteln auch gesehen, dass man von diesen neuen Netzwerken nicht viel versteht, wenn man sich in ihnen mit dem alten Verständnis von Literatur bewegt. Es ist so, als würde man versuchen, das Internet als Buch zu lesen oder es schreibend auf eine gerade Linie zu bringen. Wer will, kann das natürlich versuchen. Aber dann sieht alles nur wie ein großes Durcheinander aus, von dem man nicht inspiriert, sondern bloß blockiert wird. Wer sich durch das Netz bewegt und dabei einen Schutzschirm gegen die Zufälligkeiten und Unbeherrschbarkeiten des Lebens aufgespannt hält, kann leider nur frustrierende Erfahrungen machen.

Wer die Verschaltung dagegen als Möglichkeit versteht, einen Strom zu organisieren, über den Materialien herangebracht, mit anderen Materialien kombiniert, bearbeitet, variiert, weiterentwickelt und wieder eingespeist werden, der hat es nicht mit einem frustrierenden Durcheinander zu tun, sondern mit einer belebenden Form der Produktivität.

---

[60] Hülswitt: Handbuch des Nonlinearen Erzählens, S. 7.

Wir haben uns im ersten Kapitel den Grundriss von Goethes Haus am Frauenplan angeschaut und den Aufbau der Räume und die Bewegungen darin als Zaubernetzwerk rekonstruiert, in dem der Autor nach einem genau abgestimmten Programm – dem »Goetheprogramm« – seine Kreativität organisiert. Wollte man nun den Grundriss für Tobias Hülswitt zeichnen, wäre es einer, in dem die einzelnen Räume so miteinander vernetzt sind, dass sie sich immer wieder neu miteinander verbinden lassen. Jeder Gang durch das Haus könnte ein anderer sein. Dabei wäre gesichert, dass alles, was in dem einen Produktionsraum entsteht, problemlos in den nächsten verschoben werden kann.

Das Besondere an Hülswitts Haus wäre nun, dass man eigentlich nicht mehr sicher sagen könnte, wo es beginnt und wo es endet. Denn zur einen Seite gäbe es Räume im Internet, die nach demselben Prinzip wie die Kernräume miteinander verbunden sind. Und zur anderen Seite, »diesseits« des Bildschirms, gäbe es ebenfalls lauter Räume, die sich mit allen anderen Räumen verbinden lassen. Wahrscheinlich würde es Hülswitt gefallen, wenn man eine Skizze dieser komplexen, dynamischen Architektur entwirft und als Titel darüber »Das Leben, ein Korsakowhaus« schreibt.

Nach dem Durchgang durch unser kleines Buch, dürfte deutlich geworden sein, wie man sich durch ein solches (oder ein ähnlich verschaltetes) Haus am besten bewegt, wenn man selbst mit dem Schreiben unter Strom experimentiert:

▪ Man legt es nicht darauf an, das Schriftstellerformat zu kopieren, das uns aus der Literaturgeschichte als Monument mit abgeschlossenen Werken überliefert wird.

▪ Man legt es auch nicht darauf an, Werke zu schaffen, die der Idee nach selbst als unbewegliche Monumente alle Zeiten überdauern.

NACHBETRACHTUNG

▪ Man interessiert sich ohnehin weniger für das, was alle schon immer gemacht haben und von dem alle meinen, dass man es genauso wieder machen muss. Stattdessen interessiert man sich für alles, was das Vorgegebene in Bewegung bringt.

▪ Dementsprechend interessiert man sich für die Dynamik, durch die einzelne Werke als Zwischenergebnisse entstehen, die selbst wieder dazu da sind, so eingespeist zu werden, dass dadurch die Bewegung in Gang gehalten wird.

▪ Man verfolgt dabei nicht ein Ziel, für das man alle Schritte im Voraus berechnet, um anschließend als Kontrollfreak darüber zu wachen, dass alles wie geplant und vorgesehen eingehalten wird. Stattdessen lässt man sich immer wieder treiben. Man probiert immer wieder anderes aus, um sich überraschen zu lassen.

▪ Dabei konzentriert man sich nicht allein auf eine Sache, sondern interessiert sich für alles Mögliche. Das Weltverhalten wird davon bestimmt, dass man alle Sinne öffnet und sich mit Erfahrungshunger durch die eigenen Produktionsräume und die Produktionsräume der anderen bewegt.

▪ Deshalb versucht man, sich mit vielen anderen Produktionsräumen zu vernetzen, um Materialien und Energien auszutauschen. Wichtig ist dabei, sich einen dynamischen Netzplan zu entwickeln, über den dieser Austausch locker gesteuert und bei Bedarf verändert werden kann.

▪ Ohnehin versteht man die Netzwerke, die man sich webt, als vorläufige Ordnungen. Sie sind kontingent, weil sie eigentlich auch anders aussehen könnten. Und sie sind zeitgebunden, weil sie nur für den Moment Bestand haben und immer wieder umgebaut werden können.

▪ Bei alldem ist man nicht ständig auf der Flucht von Raum zu Raum, um möglichst schnell dort zu sein, wo das andere noch überraschender, das Neue noch neuer und die Bewegung zum Nächsten noch schneller ist. Die Pointe von Hülswitts Umstellung lautet ja: dass es jetzt die Möglichkeit gibt, das Nutzlose wiederzuentdecken und dabei, wie Hülswitt mit Walt Whitman sagt, »die unfassbare Nahrung aus allen Dingen und zu jeder Stunde des Tages« aufzunehmen.

Das aber heißt: Das Schreiben unter Strom macht es möglich, mit Entspanntheit das zu machen, was man gerade macht. *Locker bleiben!*, heißt die Devise. Nicht linear zu leben und zu schreiben heißt, die Hierarchien von Anforderungen aufzulösen und je nach Produktionszusammenhang das Unwichtige wichtig, das Wichtige dagegen unwichtiger werden zu lassen.

Wenn man sich nur darauf einlässt, alles kontingent und temporär zu denken, muss man eben nicht fürchten, dass man das, was man tut, so tun muss, als sei es das Einzige und Letzte, was man noch im Leben zu tun hat. Demnächst macht man dann eben wieder etwas anderes.

Für die eigene Produktivität aber hat das eine ganz interessante Pointe. Denn wenn es so ist, dass man beim Schreiben unter Strom auch die Ruhe haben kann, das »ganz andere«, das »ganz Überraschende« und auch das »ganz Unmögliche« zu machen, dann ist man keineswegs darauf festgelegt, immer etwas mit dem Computer und den Computernetzen zu machen.

Im Gegenteil. Wenn man will, kann man *auch* einen sogenannten »richtigen« Roman schreiben. Dann kann man *auch* ein Buch machen. Und dazu *auch* eine Lesung im ganz alten Format mit Tisch und Wasserglas und einem Publikum, das schweigt und meditiert. Man kann *auch* alle Geräte ausstellen und zum Stift und zum Notizbuch greifen, um schreibend über etwas ganz anderes nachzudenken.

Denn das ist der wichtigste Hinweis für alle, die das Netz als Produktionsraum betreten: Wer unter Strom schreibt, schließt nicht bestimmte Möglichkeiten aus. Wer unter Strom schreibt,

NACHBETRACHTUNG

schließt ausdrücklich alle Möglichkeiten ein und bringt sie ins Spiel, um sie immer wieder mit etwas anderem zu kombinieren und dadurch neue Impulse zu bekommen und sie gleichzeitig an andere weiterzugeben.

Literaturverzeichnis

Die Adressen zu den im Buch genannten Onlineprojekten sind in den jeweiligen Kapiteln zu finden. In diesem Literaturverzeichnis werden ausschließlich gedruckte Texte aufgeführt. Das hat den schlichten Grund, dass sie noch länger im Umlauf sind, während Blogs, Twitter-Accounts und Facebookseiten, die heute aktuell und wegweisend sind, morgen schon wieder verschwunden sein können. Über das Netz stellt sich kein Kanon her. Deshalb gilt: Was im Netz exemplarische Qualitäten hat und für die eigene Produktivität genutzt werden kann, muss selbst gesucht und ausprobiert werden. [Kommentiert werden im Folgenden nur die Texte, die in den einzelnen Kapiteln nicht vorgestellt werden. Es sind kleine Lektüreempfehlungen, die man als Material für das eigene Schreiben unter Strom nutzen kann.]

Aciman, Alexander/Rensin, Emmett: Twitterature. The World's Greatest Books Retold Through Twitter. London 2009.

Bajohr, Hannes: automatengedichte. In: Poet. Literaturmagazin, Nr. 10. Leipzig 2011, S. 72–75.

Beaumont, Matt: E-Mail an alle. April 2004. [Die Blaupause des E-Mail-Romans. In einer Londoner Werbeagentur machen sich zahlreiche Egozentriker das virtuelle und reale Leben per elektronischer Post so schwer wie möglich.]

Bohlken, Jonas: neosex. Datenstick, 2010 (bestellbar über the_doors@gmx.de)

Buschheuer, Else: www.else-buschheuer.de. Das New York Tagebuch. Köln 2002. [Onlinejournal, das die Autorin geführt hat, als New York im September 2001 Ziel der Attentate der Al-Qaida war.]

Carr, Nicolas: Wer bin ich, wenn ich online bin... Und was macht mein Gehirn währenddessen? Wie das Internet unser Denken verändert. Blessing 2010. [Schwungvolle Abrechnung mit der Internetkultur, Warnung vor der Veränderung der Fähigkeit von Internetnutzern, sich auf größere Aufgaben zu konzentrieren.]

Christakis, Nicholas A./Fowler, James H.: Connected! Die Macht sozialer Netzwerke und warum Glück ansteckend ist. Frankfurt/M. 2010. [Emphatische Präsentation der Vorteile des Mitmachens im Web 2.0.]

Cotten, Ann/Falb, Daniel/Jackson, Hendrick/Popp, Steffen/Rinck, Monika: Helm aus Phlox. Zur Theorie des schlechtesten Werkzeugs. Berlin 2011. [Kollektiv bearbeitetes Material, das in einem geschlossenen Blog der als Lyriker bekannten Autoren entstanden und für die Buchversion aufbereitet worden ist.]

Cortázar, Julio: Rayulea. Himmel und Hölle. Frankfurt/M. 1990.

Csikszentmihalyi, Mihaly: Flow. Das Geheimnis des Glücks. Stuttgart 2010.

Enzensberger, Hans Magnus: Einladung zu einem Poesie-Automaten. Frankfurt/M. 2000. [Schöner kleiner Essay über Möglichkeiten und Grenzen des Dichtens mit Computerprogrammen.]

Fischer, Jan: Schrott oder: Die Geschichte geht auf Facebook weiter. In: Porombka, Stephan/Mertens, Mathias (Hgg.): Statusmeldungen. Schreiben in Facebook. Hannover 2010.

LITERATURVERZEICHNIS

Friebe, Holm/Lobo, Sascha/Passig, Kathrin/Scholz, Aleks (Hgg.): Riesenmaschine. Das Beste aus dem brandneuen Universum. München 2007. [Materialien aus einem der einflussreichsten deutschen Kreativblogs, dessen Autoren die Diskussion über die Veränderung der Kultur durch das Web 2.0 maßgeblich vorangetrieben haben.]

Glattauer, Daniel: Gut gegen Nordwind. München 2008.

Goetz, Rainald: Abfall für Alle. Roman eines Jahres. Frankfurt/M. 1999. [Das Internettagebuch als Schreib- und Denkwerkstatt, mit dem der Autor den Blog im Literaturbetrieb salonfähig gemacht hat.]

Goethe, Johann Wolfgang: Die Leiden des jungen Werthers. Sämtliche Werke 1.2. Der junge Goethe 1757–1775. Hg. von Gerhard Sauder. München 2006, S. 196–299.

Harsdörffer, Georg Philipp: Delitiae Mathematicae et Physicae. Der Mathematischen und Philosophischen Erquickstunden Zweyter Teil. Neudruck der Ausgabe Nürnberg 1651, hg. und eingeleitet von Jörg Jochen Berns. Frankfurt 1990.

Hettche, Thomas/Hensel, Jana (Hgg.): Null. Köln 2000. [Frühes Kollektiv-Onlineschreibprojekt, in dem sich junge Autoren zusammengetan haben, um einzeln und gemeinsam zu schreiben, sich gegenseitig zu inspirieren, zu kommentieren und sich Gedanken über das Schreiben im Netz zu machen.]

Hülswitt, Tobias: Handbuch des Nonlinearen Erzählens. Hildesheim 2011.

Hülswitt, Tobias/Brinzanik, Robert: Werden wir ewig leben? Gespräche über die Zukunft von Mensch und Technologie. Frankfurt/M. 2010.

Jean Paul: Vorschule der Ästhetik. Sämtliche Werke, Bd. I/5. Hg. von Norbert Miller, München 1980.
Jenkins, Henry: Convergence Culture. Where Old and New Media Collide, New York 2008. [Das Standardwerk zum Transmedia Storytelling.]

Koch, Anna/Lilienblum, Axel: Du hast mich auf dem Balkon vergessen. Das Beste aus SMS vonGesternNacht.de. Reinbek 2011.
Kossdorff, Jan: Spam! Ein Mailodram. Wien 2010.

Lautréamont: Die Gesänge des Maldoror. Reinbek 2004.
Leitner, Anton G. (Hg.): SMS-Lyrik. 160 Zeichen Poesie. München 2002.

O'Reilly, Tim/Milstein, Sarah: Das Twitter-Buch. Köln 2010. [Kleine, praktische Einführung ins Twittern.]
Okopenko, Andreas: Lexikon einer sentimentalen Reise zum Exporteurtreffen in Druden. Wien 1996. [Früher Hypertextroman, der als Lexikon angelegt ist und den Leser über Verweise unter den Artikeln durch die Geschichte springen lässt.]

Perec, Georges: Das Leben. Eine Gebrauchsanweisung. Reinbek 1982. [Klassiker des nicht linearen Schreibens. Erzählt wird in 99 Kapiteln von 99 Räumen eines Hauses und ihren derzeitigen und ehemaligen Bewohnern, deren Geschichten sich zu einem Netz verweben.]
Porombka, Stephan/Mertens, Mathias (Hgg.): Statusmeldungen. Schreiben in Facebook. Hannover 2010. [Dreizehn Poetiken von Autoren, die ihre Facebookseiten als kulturjournalistische und literarische Projekte verstehen.]

LITERATURVERZEICHNIS

Regener, Sven: Meine Jahre mit Hamburg-Heiner. Logbücher. Berlin 2011.

Renner, Kai-Hinrich/Renner, Tim: Digital ist besser. Warum das Abendland durch das Internet nicht untergehen wird. Düsseldorf 2011. [Der Titel bringt es auf den Punkt.]

Schmidt, Jochen: Schmidt liest Proust. Die Quadratur der Krise. Dresden und Leipzig 2008. [Lektürejournal des Autors, der Tag für Tag Proust gelesen, seine Leseerfahrungen notiert, kommentiert und mit seinem eigenen Alltag verknüpft hat.]

Schwindt, Annett: Das Facebook-Buch. Köln 2010. [Kleine, praktische Einführung in die Facebooknutzung.]

Sullivan, Andrew: Warum ich blogge. In: Merkur 717/2009, S. 103–114.

Trunz, Erich: Ein Tag aus Goethes Leben. München 1990.

Weinberg, Tamar: Social Media Marketing. Strategien für Twitter, Facebook & Co. Köln 2011. [Ein Marketingbuch, das auch einzelnen Autoren gute Tipps für die Möglichkeiten des Publizierens im Web 2.0 gibt.]

Woznicki, Krystian (Hg.): Vernetzt. Berlin 2009. [Sammlung von Essays und Erzählungen von Autoren, Künstlern und Kulturjournalisten zur eigenen Erfahrung mit der kreativen Arbeit im Internet.]

Zschokke, Matthias: Lieber Niels. Göttingen 2011.

Ein Schreibverführer neuen Typs
Die literarische Schreibwerkstatt als Meisterkurs!

Schreiben dicht am Leben.
Notieren und Skizzieren.

Von Hanns-Josef Ortheil
160 Seiten.
Festeinband,
abgerundete Ecken
und Lesebändchen
978-3-411-74911-9

Schreiben Tag für Tag.
Journal und Tagebuch.

Von Christian Schärf
Herausgeber:
Hanns-Josef Ortheil
160 Seiten. Festeinband,
abgerundete Ecken
und Lesebändchen
978-3-411-74901-0

Schreiben unter Strom.
Experimentieren mit Twitter, Blogs, Facebook & Co.

Von Stephan Porombka
Herausgeber:
Hanns-Josef Ortheil
160 Seiten. Festeinband,
abgerundete Ecken
und Lesebändchen
978-3-411-74921-8